AMAR
es más sencillo

Amar
es más sencillo

(Siempre que el objetivo sea amar)

David Solá

ediciones
noufront

A todos los que me han amado y me siguen amando,
A todos los que un día me amaron y luego dejaron de hacerlo,
A todos los que nunca fui capaz de despertarles ningún sentimiento
de afecto hacia mí.
A todos los que sintieron menosprecio u odio después de conocerme,
A todos ellos, les debo gratitud por haberme enseñado a amar.

Agradezco a José Manuel Palomo su crítica constructiva y
colaboración.

Ediciones Noufront
Plaza Vil·la Romana nº 3, 1º-3ª
43800 VALLS
Tel. 977 606 584
Tarragona (España)
info@edicionesnoufront.com
www.edicionesnoufront.com

Diseño de cubierta e interior: Ediciones Noufront
Fotografía de cubierta: Istock Photo

2ª Edición: Marzo 2008

Depósito Legal: B-15995-2008 Unión Europea
ISBN: 978-84-935641-2-4

Printed by Publidisa

Índice

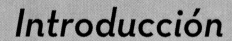

Introducción

En un periódico local de una ciudad estadounidense, aparecía la siguiente historia referida a un soldado que había combatido en Vietnam durante más de un año y por fin volvía a su casa.

Llamó a sus padres desde San Francisco para anunciarles que ya estaba en su país y que al día siguiente se reuniría con ellos, pero quería pedirles un favor:

-Tengo un amigo que me gustaría llevar conmigo a casa –les dijo–.

-Por supuesto –le respondieron los padres– nos encantaría conocerlo.

-Sólo que hay algo que deberíais saber –continuó el hijo– él ha sido gravemente herido en combate; tropezó con una mina y perdió un brazo y una pierna. Ahora no sabe dónde ir, y le dije que hablaría con vosotros para que viviera en casa.

-Nos duele mucho oír eso, hijo. Posiblemente podamos ayudarlo encontrándole un lugar adecuado para él.

-No, yo deseo que viva junto con nosotros.

-Hijo, entendemos lo que significa para ti, pero no sabes lo que estás pidiendo. Alguien con un problema así... podría ser un estorbo para nosotros... tenemos que vivir nuestras vidas, y realmente sería un problema. Creemos que deberías venir a casa y dejar que él siga su camino por sí mismo, sin cargarte con lo que no te pertenece.

Quedaron en silencio durante unos segundos y, finalmente, el hijo colgó el teléfono. Los padres quedaron mirándose y moviendo la cabeza se dijeron: "Lo superará".

Dos días después, recibieron una llamada de la policía de San Francisco informándoles que su hijo estaba muy grave a causa de una caída desde un edificio.

Los padres acudieron rápidamente al hospital y al llegar, su hijo ya había fallecido. La policía les preguntó si conocían alguna razón por la que su hijo intentara suicidarse. Ellos, totalmente sorprendidos, contestaron que ninguna, más bien todo lo contrario, pues, ahora tenía muchas razones para vivir.

Al hacer el reconocimiento del cadáver, horrorizados descubrieron que su hijo sólo tenia un brazo y una pierna.

Hay infinidad de textos que tratan sobre el amor y el desamor, donde se pueden encontrar todo tipo de consejos y métodos para estimularlo, mantenerlo o consolidarlo en las relaciones que se establecen en la vida de las personas. Pero la experiencia demuestra que no amaremos más por atender a éstas sugerencias bien intencionadas procurando llevarlas a la práctica. Como mucho, nos soportaremos mejor y tendremos un trato más amable conformándonos a convivir en un nivel que, lejos de la plenitud propia de la experiencia del amor, nos proporcione una vivencia más o menos digna.

Amar es más sencillo de lo que puede parecer, *siempre que el objetivo sea amar*. En la realidad, muy pocas personas *aman como un fin* y, en cambio, sí lo hacen como un medio para conseguir un propósito consciente o inconsciente.

Cuando un amante le dice al otro: "Te necesito", "Sin ti no podría vivir". "No puedo dejar de pensar en ti". "Mi vida sin ti no tiene sentido", queda claro que el objetivo no es amar, sino *satisfacer una necesidad de amor*, aunque compartan otras expresiones más altruistas como: "Todo lo que tengo es tuyo" o "Mi vida te pertenece", las cuales, aunque en el momento de expresarlas puedan ser sentidas, en la práctica, y pasando algún tiempo, pueden resultar sólo palabras.

De igual modo, ocurre con otros tipos de amor que dan satisfacción a diferentes necesidades del alma o de realización personal, tales como la paternidad o la maternidad, la amistad, la entrega a los ideales más altruistas a través de diferentes instituciones u obras sociales. No queremos decir que no se sientan y se hagan con un espíritu noble, sino que, cuando se suelen frustrar las expectativas íntimas que la persona había depositado en el objeto de su amor, cambian los sentimientos y como todos sabemos, donde existió amor, después puede haber indiferencia, amargura o resentimiento.

Este libro no está pensado para que encuentres más de lo mismo, sino algo cualitativamente distinto que te permita disponer tu ser y tu vida para que el auténtico Amor pueda inundarlas experimentando su mágico poder y alcanzando con él todo lo que te rodea.

Aunque se harán continuas referencias al amor de pareja no será éste el tema central, tampoco el amor entre padres e hijos, ni el que experimentan los hermanos o amigos entre sí. Todos ellos pueden considerarse distintas manifestaciones de amor, pero, de la misma manera que estos amores tienen unas características comunes, puede observarse en la práctica cómo se diferencian en su calidad y consistencia dentro del mismo tipo de amor. Desde nuestra perspectiva, hay un matiz muy importante entre los amores y el Amor, entendiendo que los primeros son sentimientos de afecto, que pueden tomar muchas formas y diferentes grados de intensidad dependiendo del tipo de relación que se mantenga, mientras que el segundo, lo identificamos con la energía que proviene de lo que podríamos llamar la Fuente del Amor, la cual, transforma todo lo que alcanza.

Cuando una persona conecta con el Amor y le permite actuar en su ser interior, comienza a experimentar una autoestima auténtica, liberándose gracias a ella, de las dependencias y demandas afectivas propias de sus carencias. Así mismo, se emplea en una regeneración personal que le permite canalizar el Amor del cual disfruta, dirigiéndolo hacia otras personas de forma natural e independiente de las circunstancias que puedan atravesar las relaciones.

1: Observando la realidad

Conjugando el verbo amar

> Las cartas de amor se escriben empezando sin saber lo que se va a decir, y se terminan sin saber lo que se ha dicho.
>
> **Jean-Jacques Rousseau**

Cuando una pareja se separa uno le dice al otro: *Yo te amé mucho*, y a continuación le añade un *pero...* que suele encabezar la relación de razones que han provocado el cambio de sentimientos experimentados hacia el otro. Es el tiempo pasado del verbo. *Te amé pero ya no te amo*, ésta es la auténtica realidad, por eso la convivencia ya se hace difícil. "Algo ha cambiado dentro de mí, aunque quisiera sentir lo mismo que antes por ti, ya no me es posible. El río de ilusión y de energía que fluía de mi interior se ha secado, quizás será porque en esta vida todo tiene un principio y un final".

Para eso está el lenguaje, para explicar lo inexplicable: Un día aparecieron unos sentimientos con una fuerza arrebatadora y luego, pasando el tiempo, desaparecieron o cambiaron su naturaleza. Ahora, se trata de justificar su ausencia lo mejor posible para no sentirse mal.

Cuando las dos partes de la pareja conjugan el pasado del verbo amar, no hay sufrimiento, en su caso, lo tendrán los hijos que siempre acostumbran a ser los grandes perdedores. Pero cuando una parte de la pareja conjuga en pasado y la otra en presente, sí hay sufrimiento.

–¿Qué hago yo ahora? –Exclamaba una mujer cuando su marido le comunicó que se iba a vivir con una compañera de trabajo.

-¿Cómo le saco de mi vida? Para mí está presente en todas partes. Aunque me cueste reconocerlo, le sigo queriendo. Su ausencia en la mesa y en la cama se convierte en su presencia, el espacio que ha dejado es el recuerdo más vivo con el que tengo que enfrentarme cada día.

Otras veces puedes escuchar una expresión de este tipo: *Mamá te amaría si* fueras más obediente. De hecho, pocos padres reconocerían ser autores de esta expresión, pero en la realidad, este tipo de mensaje se transmite muchas más veces de las que podemos imaginar. Es el tiempo condicional del verbo. *Mi comportamiento contigo depende del que tú tengas conmigo*, ésta es la realidad. Yo no quiero salir perdiendo en la relación, por tanto, yo estoy dispuesto a hacer grandes cosas por ti, siempre y cuando yo perciba que tú correspondes a mi entrega.

-Mi mujer me desanima, –se quejaba el marido tratando el tema de sus relaciones íntimas. Nunca le apetece, siempre tiene alguna excusa para posponerlo. Ella me acusa que yo no soy cariñoso ni detallista con ella, pero lo cierto es que me quita la ilusión y reconozco que me he vuelto un poco áspero.

Este lamento les sonará familiar a muchos, pues, el amor de pareja incluye unos ingredientes, sin los cuales, parece ser que pierde su consistencia y se diluye.

En el caso que alguien te diga: *Yo siempre te amaré*, como mucho, sólo puedes tener constancia de sus sentimientos y buena voluntad hacía ti en ese momento. Éste es el tiempo futuro del verbo. Nadie puede estar seguro de lo que ocurrirá mañana, aunque en el momento presente uno puede experimentar un sentimiento con mucha fuerza, capaz de superar y sobrevivir tanto en el trópico como en el glaciar. No es más que el presente proyectado al futuro.

Todos los que han pasado por una ceremonia matrimonial se han prometido amor hasta el fin de sus días, pero la realidad es otra muy diferente. Nadie duda que en aquel momento eran sinceros al intercambiar sus promesas pero con eso no basta para garantizar el futuro.

Este modo del verbo se diferencia del condicional en que aquel, explicitaba la condición para que uno pudiera darle amor al otro, en cambio, en este caso se da por supuesto que independientemente de lo que ocurra, el sentimiento presente no cambiará.

Pero hay quien te dice: *Te amo,* y eso parece llenarte y tranquilizarte. Muchas mujeres se lo reclaman a sus parejas, los niños necesitan escucharlo de sus padres y, en general, a cualquiera que lo percibe con sinceridad le llega al corazón y le hace bien. Es el tiempo presente del verbo. Lo que no suele aclararse en esta expresión, es si este sentimiento es estable en el tiempo y a las circunstancias, o sólo pertenece a ese momento.

-Ayer me dijo: "Te amo", y hoy se ha ido de casa. Éstas eran las palabras de un joven marido que aún era incapaz de asimilar lo que había ocurrido.

-Tuvimos una discusión... pero sólo fue una discusión, no hubo otro motivo que pueda justificar su reacción... –siguió explicando–.

En cambio, si la expresión fuera: *Te estoy amando,* podría percibirse que gana en intensidad y frescura. En este caso jugamos con dos verbos, el primero auxiliar del segundo, resultando un matiz distinto. Lo que en lengua inglesa se llama el "presente continuo". Quizás muchos o muchas prefieran escuchar un "te estoy amando" en vez de un "te amo" para seguir con más confianza al lado de la otra persona.

Un número significativo de las segundas relaciones, a pesar de los grandes obstáculos que deben enfrentar, o de las genuinas restauraciones de pareja después de alguna crisis, muestran ser más consistentes y exitosas que las primeras. Ello no es debido a un *te amo* o *te amaré,* sino a un *te estoy amando,* porque la experiencia les ha enseñado que amar no es un presente generalizado e indefinido (te amo), ni una promesa que nadie sabe si podrán cumplir (siempre te amaré), más bien es un *presente consciente: Te estoy amando.*

Después de exponer una conferencia sobre las relaciones familiares, se me acercó un hombre movido por lo que había escuchado para contarme su experiencia particular:

-Mi mujer asistió a un grupo de crecimiento personal para mujeres durante varias sesiones, en una de ellas, el maestro del grupo les pidió un ejercicio para sus respectivas parejas: debíamos escribir en un papel una lista de seis cosas que nos gustaría que cambiaran para ser mejores esposas.

Lógicamente, se me ocurrían algunas cosas que decir, pero en lugar de lanzarme a por un papel le dije: Déjame pensarlo y mañana te daré una respuesta.

Al día siguiente me levanté temprano y llamé a la floristería. Encargué seis rosas rojas para mi mujer y una nota que decía: "No se me ocurren seis cosas que querría que cambiaras. Te quiero tal como eres".

Cuando llegué a casa esa tarde, mi mujer me recibió en la puerta, estaba al borde de las lágrimas. No necesito decir que me alegré de no haberla criticado como me había pedido.

A la semana siguiente invitaron a las parejas de los asistentes al curso para contrastar los resultados. Después de que mi esposa hubiera informado del resultado de su tarea, varias mujeres del grupo se me acercaron y me dijeron: "Fue lo más bonito que hemos oído nunca". Entonces comprendí cual era el poder del aprecio.

Siempre que se entrega una rosa en vez de una crítica genera una vibración anímica que refuerza el *te estoy amando,* el cual, es la base de una relación afectiva auténtica.

Amar y querer

Hay quien tiene el deseo de amar, pero no la capacidad de amar.
Giovanni Papini

Estos dos términos se usan muchas veces indistintamente, por lo general no se toma conciencia de la diferencia que entraña uno respecto al otro.

Esencialmente, *amar* es entrega y *querer* es deseo. Las dos cosas pueden darse en una relación afectiva, pero la cuestión se presenta cuando una de las dos está ausente y se confunden los conceptos.

Me encontraba presenciando una discusión entre los miembros de una pareja y, en este caso, la mujer estaba avasallando al marido con sus quejas y las acciones que iba a tomar en adelante para resolver el problema. A menudo, ella le repetía a él que lo amaba, aunque a continuación le presentaba la necesidad de cambiar su actitud respecto a él.

En un momento de la discusión sentí la necesidad de hacerle a ella una pregunta reflexiva: "En realidad, le amas tal como dices, o simplemente le quieres".

Por unos segundos se me quedó mirando a los ojos y seguidamente desvió la mirada y en voz baja dijo:

-La verdad es que no lo sé... creo que antes le amaba y ahora le quiero.

Cuando una persona *ama* acepta al otro tal como es y ve ante todo sus cualidades, animándolo a que desarrolle lo mejor de él. Le muestra su generosidad, dando con gusto y sin llevar la cuenta ni esperar nada a cambio. Disfruta con sus éxitos y está a su lado para apoyarlo cuando falla. Valora su realización personal, reconociendo su autonomía y atributos. Cuida de él como si fuera un tesoro tratándolo siempre con respeto y consideración. Para esa persona el otro es lo máximo.

Cuando una persona *quiere* se centra en los defectos del otro y le exige que los cambie para que se convierta en lo que ella desea. Suele dar lo que le conviene o reclamar compensaciones por lo entregado. Asume los éxitos como propios y los fracasos como ajenos, vanagloriándose de unos y rechazando los otros. A menudo, procura controlarlo y resolverle la vida para mantenerlo dependiente. No tiene reparos en un momento dado, de ofenderlo o humillarlo bajo la justificación de corregirlo. Con frecuencia lo compara y presiona para que sea mejor que los demás.

Aunque no podamos escucharlo explícitamente, el que quiere dice: *te quiero porque me haces sentir bien*. El que ama dice: *te amo para entregarte lo que soy*. Tanto el primero como el segundo experimentan un sentimiento de atracción hacia la otra persona, pero les diferencia un *porque* y un *para*. En uno es condicional y en el otro incondicional.

Amar y querer no es una cuestión, como algunos han dicho, de mayor o menor intensidad del sentimiento, sino, un tema de cualidad afectiva.

Amar y querer se prestan con demasiada frecuencia a confusión. Uno le dice a su pareja: "Te amo". Pero en realidad, el otro no sabe exactamente qué es lo que le está diciendo hasta que no le conoce suficientemente, pues, este "te amo", ha de ser coherente con todo lo demás que se comparte.

Si una persona le dice a otra: "Está lloviendo". La que recibe la información hace su propia imagen mental de lo que ha escuchado, asociada a un tipo de emoción determinada. Pero hay dos cosas que pueden quedar fuera de la sintonía entre ellas: Ésta no sabe cuánto está lloviendo ni lo que la lluvia significa para la otra persona.

Decir: "Está lloviendo" da cuenta de un fenómeno, pero eso no es todo. Habría que saber si hay que coger el paraguas, o si cuando llueve, la otra persona se agobia y va a modificar sus planes.

Así ocurre con mucha frecuencia en las relaciones de pareja cuando uno se decepciona del otro. Una parte le dice a la otra: "Te amo", la segunda entiende este "te amo" de acuerdo a lo que significa para ella, y sobre esa base, que muchas veces es falsa, construye y sostiene la relación. No es de extrañar que pasando el tiempo las expectativas se frustren.

Una mujer sorprendió a su marido con su amante cuando sólo había pasado una hora desde que se habían despedido por la mañana para ir a su trabajo. Él le había dicho a ella "te amo" y al poco tiempo, ella los encontró abrazados y compartiendo expresiones amorosas en un transporte público. Al día siguiente, después de una dura discusión, él seguía sosteniendo que la amaba.

La justificación que daba el marido la basaba en las carencias que había en su relación: Lo que no encontraba dentro lo necesitaba buscar fuera. Según él, la amaba porque no le quería ningún mal.

En otras palabras, este hombre entendía por amar lo que más arriba se definía por querer. Por supuesto que no todos los que quieren hacen igual que hizo esta persona, pero esencialmente, si siguen el mismo orden de prioridades: Te quiero porque te necesito, porque llenas mi vida, porque das sentido a mi vida, porque me lo paso muy bien contigo, porque me haces sentir importante... Pero cuando estos "porques" quedan vacíos: Ya no te necesito, ni llenas mi vida, ni tiene sentido seguir juntos, ni me lo paso bien contigo y pasas de mí... Entonces, mi vida la lleno de otra manera.

Lo que significa *amar* para cada persona será diferente dependiendo de varios factores:

El tipo de relaciones que una persona ha tenido con sus padres. Si los padres no eran portadores de amor, le habrán querido pero no amado. Por tanto, es muy posible que ella siga haciendo lo mismo con las personas que se cruzan en su vida y, aunque use la palabra *amar*, en realidad sea *querer*.

Su propia experiencia en las relaciones afectivas que haya podido tener en su vida. Es posible quedar heridos después de amar y confiar en una persona, ya sea como pareja o como amistad y, a partir de aquí enfrentar las nuevas relaciones con sentimientos de temor que impidan el *amar* y lo conviertan en *querer*.

Su temperamento y características genéticas. Hay personas que su sensibilidad y capacidad afectiva está condicionada genéticamente, tal como podría pasar con el oído musical, y difícilmente podrán igualarse o corresponderse con las expectativas que otros puedan poner en ellos.

La cultura de la que forma parte o en la que ha estado inmerso. Hay culturas y ambientes sociales que tienen enseñanzas respecto al afecto muy represivas y castrantes. La persona que ha crecido en ellos, ha asociado connotaciones negativas a la expresión de sus sentimientos y, por tanto, su capacidad afectiva está aún por desarrollar y no cuenta con los mismos recursos que otra persona educada en otros valores para poder responder adecuadamente en una relación afectiva.

A causa de todo ello, es evidente que el significado y la experiencia interior de cada uno respecto a *amar* pueden ser muy diferentes, aunque amar es el acto de dar amor, y para dar amor hay que tenerlo.

El asunto cambia cuando se trata de *querer*, pues esta facultad personal es prácticamente universal. Todas las personas tienen necesidades anímicas que satisfacer y, a su vez, instintivamente se acercan a aquello que les da placer y se alejan de lo que les disgusta. Por esta razón, las personas siempre están dispuestas a realizar la transacción necesaria: "Yo te doy lo que tú necesitas si me correspondes con lo que yo necesito", o en el caso pasivo: "Yo te daré lo que tú necesitas cuando me des lo que yo necesito".

Amor y hacer el amor

El amor no se manifiesta en el deseo de acostarse con alguien, sino en el deseo de dormir junto a alguien.

Anónimo

Amar y hacer el amor pueden ser dos cosas muy diferentes, de hecho, la queja de muchas mujeres va en esta línea: "Mi marido hace el amor conmigo para satisfacerse pero no me ama".

Un hombre se quejaba de su mujer porque desde hacía algún tiempo la encontraba arisca y distante. Al preguntarle si esta actitud era habitual en su convivencia, se quedó meditando un momento y respondió:

-No es todo el tiempo, sólo cuando yo intento ser cariñoso con ella... a veces quiero abrazarla y me rehuye.

Al contrastarlo con la esposa ella explicó lo siguiente:

-He llegado a la conclusión que mi marido sólo se acuerda de ser cariñoso cuando quiere hacer el amor, de lo contrario, es incapaz de darse cuenta que necesito sus abrazos. En realidad, me hace sentir más utilizada que amada cuando se pone cariñoso conmigo.

En la actualidad, probablemente la mayoría de gente interpreta que "hacer el amor" se refiere a tener relaciones sexuales dentro de un contexto afectivo y no como la práctica del sexo por el sexo, aunque esta expresión en sí misma, esconde algunas paradojas:

El amor no se hace. Decir que se hace el amor es una contradicción, pues se afirma algo que no es posible. Sería similar al que dijera que "hace la luz", la luz ya está hecha, no hay que hacerla, lo único que podemos hacer es prender una lámpara, para que el fenómeno físico al cual llamamos luz se muestre y nuestros ojos puedan percibirlo. De la misma manera, el amor es una energía que trasciende al ser humano, podemos abrir nuestro corazón al amor, podemos experimentarlo, transmitirlo para que alcance a otros, realizar actos que son propios de las personas que aman porque esa energía nos impulsa, pero no podemos hacer el Amor.

Las personas que dicen hacer el amor, o simplemente quieren tener sexo y lo expresan de una forma más elegante, o si piensan que a través del sexo van a desarrollar el amor, están poniendo el carro delante del caballo. La relación sexual es una conducta física del ser humano por medio de la cual, entre otras cosas, experimenta placer y a través de ella puede expresarse mucho amor o mucho egoísmo, mucha sensibilidad o mucho instinto animal. El amor es una facultad del alma y del espíritu, la cual, puede dignificar la relación sexual o hacerla miserable.

Unas palabras de Lao-Tsé, fundador del Taoísmo, pueden ayudar a entender el concepto: "Hacemos una vasija de un pedazo de arcilla, y es el espacio vacío en el interior de la vasija lo que la hace útil. Hacemos puertas y ventanas para una estancia; y son esos espacios vacíos los que la hacen habitable. Así, mientas que lo tangible posee cualidades, es lo intangible lo que lo hace útil".

Lo mismo ocurre con el amor y las relaciones sexuales, no es la práctica del sexo en sí misma la que es amor, ni nos da idea del amor que puede existir entre dos personas, es lo que estas dos personas son capaces de transmitirse en esta relación íntima.

El amor puede ser el gran ausente de las relaciones sexuales. Cuando una de las dos partes piensa más en sí misma que en la otra, eso no es amor. Si uno fuerza, chantajea o manipula al otro de alguna manera por medio del sexo, eso no es amor. Si son los impulsos de la libido los que determinan la relación sexual y no el resultado de una expresión amorosa, eso no es amor. La relación sexual entendida dentro del contexto del amor es una manifestación externa de un sentir interno, es el acto de entrega mutua de dos personas que se aman. Aunque en muchos casos se convierte en una necesidad fisiológica que hay que satisfacer, si las dos partes comparten esta necesidad y se satisfacen mutuamente, han hecho sexo. No es que esté mal, es una de las muchas cosas que puede hacer una pareja. Pero la cuestión se presenta cuando el sentir de la relación sexual no es el mismo para cada una de las partes. La misma práctica sexual realizada como expresión amorosa de uno hacia el otro, o como petición del segundo hacia el primero para aumentar su placer, puede experimentarse como dos cosas opuestas: en el primer caso es un acto disfrutado por los dos que les proporciona un mayor sentimiento de unión, mientras que en el segundo puede resultar ofensivo para una de las partes.

Un aspecto esencial de la relación sexual es la comunicación, y por lo general, la experiencia de intimidad sexual no será muy diferente a la del resto de la intimidad en la pareja. Si hay un buen nivel de comunicación, de confianza y de expresión cariñosa producida por el amor que comparten los dos, la relación sexual será una expresión muy gratificante de su intimidad, de lo contrario, el sexo será tan frustrante como lo es el resto de la intimidad.

Una pareja puede amarse profundamente sin "hacer el amor". Una cosa no es incompatible con la otra, más bien al contrario, cuando los miembros de una pareja siguen juntos y se aman sin el estimulo del sexo, es que este amor muestra ser auténtico.

-Desde hace algunos años no tenemos relaciones sexuales –me explicaban un hombre y una mujer casados hacía más de 35 años–. Progresivamente, nuestras relaciones sexuales han disminuido en frecuencia hasta desaparecer, pero no nuestra ilusión por vernos y estar juntos. Cuando nos abrazamos sentimos lo mismo que al principio, es una sensación de plenitud, aunque la pasión se ha sosegado han crecido otras cosas como la comprensión, la confianza, la entrega y muchas más que han convertido nuestra relación en una experiencia plenamente satisfactoria.

No "hacen el amor" pero *viven en el amor*, si el sexo tuvo un protagonismo en una etapa de sus vidas y luego dejó de tenerlo, lo asumen como parte del proceso evolutivo. Sin embargo, lo que sienten el uno para con el otro es mucho más consistente y de naturaleza más espiritual que el deseo.

Un matrimonio que estuvo interesado en recibir ayuda llevaba sólo cinco años de casados y no habían podido completar ni una sola relación sexual. La esposa tenía una disfunción sexual conocida como vaginismo y no podía realizar el coito. Habían intentado diferentes formas de resolverlo que no dieron resultado, y finalmente admitieron por un tiempo su incapacidad de tener relaciones sexuales normales, hasta que se informaron mejor y buscaron ayuda.

Les pregunté por sus sentimientos y la ilusión que tenían el uno por el otro, su respuesta fue muy positiva: "Nos amamos como siempre nos hemos amado, tenemos la misma ilusión de vernos y expresarnos nuestro cariño igual que antes de casarnos, pensamos que esta disfunción ha contribuido a conocernos mejor, aumentar la confianza mutua y a saber apoyarnos en las dificultades. Lo que nos hayamos podido perder hasta ahora no ha minado nuestro amor sino que lo ha consolidado".

Amar y sufrir

¿Qué hacer cuando la única persona que puede hacer que dejes de llorar es aquella por la que lloras?

Anónimo.

Dicen que el amor y el sufrimiento van unidos, que no puede darse el uno sin el otro.

Si amas, un día u otro sufrirás por causa de ese amor. No importa si se trata de tu amante o de tu hijo o de cualquier otra persona por la que sientes un sentimiento lo suficientemente intenso como para calificarlo de amor. Woody Allen hizo famoso uno de sus razonamientos sobre este tema: "Amar es sufrir. Para evitar sufrir, uno no debe amar. Pero entonces, uno sufre por no amar. Así que, amar es sufrir, no amar es sufrir, sufrir es sufrir. Amar es ser feliz, ser feliz, entonces, es sufrir, pero sufrir lo hace a uno infeliz, entonces para ser infeliz uno debe amar, o amar para sufrir, o sufrir por demasiada felicidad..."

A poco observadores que seamos, podemos ver a la gente sufrir por amar y enredarse en juegos destructivos en las relaciones afectivas. Una de las razones es la componente de egoísmo y temores que se mezclan con el amor, lo cual, lo convierte en posesivo y, a partir de aquí, viene el sufrimiento.

Cualquiera puede ojear una de estas revistas que contienen una sección dedicada a consultas sentimentales y podrá comprobar la cantidad de sufrimiento innecesario que las personas manejan en sus relaciones:

"Hace dos años que mantengo relación con un chico que es celoso y me agobia de tal manera que cada vez me siento más insegura y ansiosa... sé que me quiere, pero su amor me está destruyendo".

"Mi marido no me presta atención, me hace sentir muy poca cosa, me torturo pensando en qué estoy haciendo mal y temo que se fije en otra persona".

El amor en sí mismo no es sufrimiento, sino el gozo de dar lo que uno es para el bien del otro. Pero en la práctica, las personas suelen considerar como una inversión y no como un regalo sus actos de amor. Ello hace que queden atrapados en una relación de deberes más que de entregas.

Cuentan que una pareja de novios fue a ver al chamán de su tribu antes de casarse para que les diera algún buen consejo, el chamán les hizo una extraña petición:

-Quiero –le dijo a la mujer– que busques la mejor águila que encuentres y me la traigas, y tú –le dijo al hombre– hazte con el mejor gavilán que veas y también me lo traes.

Al cabo de una semana, se presentaron los dos delante del chamán trayendo cada uno lo que les había pedido. El chamán tomó un trozo de cuerda y ató cada cabo a la pata de un animal y les pidió que observaran lo que pasaba.

Las aves intentaron levantar el vuelo pero la cuerda se lo impedía estorbándose una a la otra, siendo incapaces de conseguirlo. Después de varios intentos comenzaron a atacarse mutuamente. En este momento el chamán desató la cuerda de sus patas y les permitió que levantaran el vuelo. Una vez en el aire, estuvieron durante un buen tiempo sobrevolando aquel lugar sin distanciarse mucho una de la otra y mostrando un bello espectáculo con sus habilidades.

El sufrimiento suele ir unido a la dependencia, y la dependencia se establece cuando a través de la otra persona recibimos la compensación que necesitamos a nuestras carencias. No es de extrañar que amar incluya los sentimientos de posesión junto con los temores de su pérdida, pues, si se rompe la relación, el vacío de la pérdida se hace más dramático cuanto mayor haya sido el grado de satisfacción que aquella persona ha aportado a nuestra vida. Pero esta es la gran trampa, en estas condiciones amar se convierte en una atadura que puede acabar enfrentando al uno contra el otro.

Una persona que tenga baja autoestima se sentirá muy importante cuando encuentre a alguien que se le acerque y se interese por ella, la relación será como un bálsamo para sus sentimientos de inferioridad, pero a su vez será una trampa, ya que, su bienestar interior depende de lo que diga y haga la otra persona. Amar a través de la dependencia nos convierte en personas muy vulnerables, pues hemos abierto el corazón a alguien que, por la ascendencia que le concedemos en nuestra vida, puede destrozarla.

Siempre que uno necesita la aprobación del otro para sentirse bien vivirá en la inseguridad de perderla, en cualquier momento se presentará una situación en que el otro reaccionará de una forma inesperada, y el primero sentirá el dolor y la rabia de la frustración.

Hay otro tipo de dependencia en una relación afectiva que en sí misma no lo es, aunque lo parezca; es la atención y sensibilidad mutua que produce el amor entre dos personas y se manifiesta por medio de la empatía. La felicidad de uno es posible cuando lo es también la del otro. El que ama sufrirá cuando ve sufrir al ser amado y se gozará cuando él se goce. El amor crea un lazo emocional que hace incompatibles los sentimientos opuestos en los amantes: la felicidad en uno y el dolor en el otro.

Pero hay una diferencia importante entre un tipo de sufrimiento y el otro, en la dependencia, uno está al servicio del otro, y mientras le sirve, no hay sufrimiento. En la empatía, el sufrimiento no se experimenta como pérdida sino como algo que pertenece a los dos y se lleva conjuntamente.

El amor que ama en la libertad y en la empatía *une pero no ata*, por el sólo hecho de amar ya siente plenitud y no necesita la correspondencia a sus actos de amor y el cumplimiento de sus expectativas. Este tipo de amor no obstruye, no limita, no interfiere, no agobia ni destruye; es un amor que potencia lo que cada uno es, y a su vez, armoniza el uno con el otro.

Amor y desamor

> Ninguna persona merece tus lágrimas, y quien las merezca, no te hará llorar.
>
> **G. García Márquez**

¿Qué es el desamor? Según la definición oficial, el desamor es la ausencia de amor. Pero en realidad cuando alguien habla de desamor, se está refiriendo a *la ausencia del amor cuando antes ha habido amor*. Y esto es mucho más triste que el simple hecho de la indiferencia.

Una persona conocida puede ser irrelevante hasta que se despierta en nosotros el amor hacia ella; a partir de ese momento, esa persona tiene un protagonismo en nuestra vida, en nuestros pensamientos y sentimientos, y cualquier cosa que haga tendrá una repercusión en nosotros.

Si se va como ha venido dejará una huella, no tanto la persona por sí misma, sino aquello que nuestros sentimientos por ella han formado en nuestro interior, así ocurre en todas las relaciones afectivas: El amor construye y el desamor destruye, pero lo que se ha desmoronado no deja fácilmente lugar para una nueva construcción, allí queda su espectro para seguir atormentando al que sigue con el corazón herido.

Por otra parte, no es necesario que la persona que ha venido a nuestra vida desaparezca para sufrir el desamor. El desamor puede tomar diferentes formas, y de hecho, lo hace con mucha frecuencia.

Hay relaciones en que el amor y el desamor se suceden con frecuencia. Éste es un amor susceptible a los impulsos emocionales que sacuden la mente ante cualquier situación. En este caso, el amor no tiene el control de la relación aunque estas personas sostienen que siguen juntas porque se quieren.

-Cuando estamos bien es una pasada estar juntos −me decía una joven−, cuando estamos mal, siento un odio tan intenso que deseo no volver a verlo más.

A su compañero también le ocurría lo mismo y añadió:

-Nos dicen que todas las parejas tienen discusiones, pero creo que de seguir así no vamos a aguantar mucho tiempo juntos. No entendemos como un hecho insignificante puede cambiarnos de tal manera que pasamos del cielo al infierno en pocos minutos.

En este caso el amor era pasión y el desamor frustración, su inmadurez personal no les permitía que el amor pudiera tomar el protagonismo en sus vidas.

Otras parejas pueden considerar que en su relación no hay cambios tan exagerados, pero los sentimientos de uno respecto al otro no son estables, y se suceden los enfados y las decepciones adobando la relación con un sabor agridulce.

Un maestro hindú preguntó a sus discípulos lo siguiente:

¿Por qué la gente se grita cuando están enojados? Los discípulos quedaron pensando por unos momentos y seguidamente uno de ellos respondió:

-Nos gritamos porque perdemos la calma.

-Pero ¿qué sentido tiene gritarle a una persona que se encuentra a tu lado aunque se pierda la calma? ¿No es posible hablarle en voz baja? –volvió a preguntar el maestro–. Los discípulos dieron algunas otras respuestas pero ninguna de ellas satisfacía al maestro. Finalmente él explicó:

-Cuando dos personas están enojadas, sus corazones se alejan mucho. Entonces, para cubrir esa distancia deben gritar si quieren escucharse. Cuanto más enojados estén, más fuerte tendrán que gritar para escucharse uno a otro a través de esa gran distancia.

Luego, el maestro preguntó:

-¿Qué sucede cuando dos personas se enamoran?

-Ellos no se gritan sino que se hablan suavemente –respondieron–.

El maestro continuó:

-¿Por qué?... Sus corazones están muy cerca. La distancia entre ellos es muy pequeña.

Cuanto más se aman, ¿qué sucede? No hablan, sólo susurran y se acercan más el uno al otro. Finalmente, ni siquiera necesitan susurrar, sólo se miran y eso es todo. Así ocurre cuando dos personas se aman mucho.

Como conclusión el maestro dijo: Siempre que discutáis no dejéis que vuestros corazones se alejen, no digáis palabras que los distancien, puede llegar un día en que la distancia sea tanta que posiblemente no encontréis el camino de regreso.

Hay relaciones en que el desamor se va filtrando lentamente, como un goteo silencioso que va empapando de humedad lo que debía mantenerse oreado. Es difícil discriminar los signos externos del desamor, pero en el interior va tomando presencia y consistencia. El respeto y la amabilidad pueden no faltar, pero el desencanto tampoco. Cuando la ilusión del encuentro se debilita y la rutina aturde los reflejos de la espontaneidad creativa, la comunicación se apaga y el interés por el otro decae. Uno puede llegar a tener la sensación de extrañeza junto al otro. Ahí está el desamor.

Recuerdo a una pareja joven que estaba llena de ilusiones para su vida. Se amaban apasionadamente y hablaban a menudo de los viajes que harían juntos, la forma en que decorarían su casa, los hijos que tendrían y muchas más cosas que nunca podían terminar de compartir a causa de lo rápido que pasaba el tiempo que tenían para estar juntos.

Pasados unos años, me vinieron a ver porque algunas cosas no andaban bien. Los dos tenían buenos empleos y eso les había permitido hacer exóticos viajes, vivían en una hermosa casa que había satisfecho sus aspiraciones, y tenían dos preciosas niñas que llenaban de alegría su hogar, pero ya no pasaban tiempo hablando juntos. Sí hablaban, pero no como antes, ahora podían hablar sin mirarse a los ojos, y del poco tiempo que estaban solos, aún les sobraba para ver la televisión.

Alguien les dijo que eran demasiado jóvenes cuando empezaron y ahora se encontraban con un desgaste prematuro, otros que la rutina había ahogado su magia como les pasa a tantas parejas y, los últimos, les sugirieron que reflexionaran sobre sus conductas egoístas, las cuales, siempre están presentes en todas las relaciones que se deterioran.

Pero lo más paradójico es la inversión de sentimientos. Siempre acaba sorprendiendo a aquellos que lo viven de cerca cuando comprueban cómo dos personas que se querían intensamente llegan a convertirse en verdaderos enemigos.

Un niño, al oír hablar de la guerra, preguntó a su papá cómo había comenzado. El papá, pacientemente, se sentó y empezó a explicarle:

-Imaginemos que España se enfada con Francia...

La mamá, que oía la conversación, le interrumpió bruscamente:

-Pero España y Francia no están enfadadas.

El papá:

-Lo sé, pero es un caso hipotético.

La mamá:

-Pero así confundes al niño.

El papá:

-¡No mujer, no!

La mamá:

-¡Sí hombre, sí!

El papá:

-Te digo que no. Es insoportable el modo como tú...

El niño, interrumpiéndoles:

-No te preocupes, papá. ¡Ya entendí cómo comienza una guerra!

Las parejas suelen comenzar la relación sintiéndose *uno* y luego, muchas la terminan sintiéndose *dos, pero atrapados el uno con el otro* por diferentes intereses y emociones.

Intenté mediar en un matrimonio que se separó, los hijos se encontraban afectados por la nueva situación y sufrían problemas de adaptación. Me encontré que la ex esposa mantenía una posición muy dura respecto a él, ella había quedado en la vivienda familiar, tenía la custodia de los hijos y también una serie de ingresos por los hijos y por ella misma que el marido debía aportar puntualmente cada mes. Además, cada vez que se producía algún gasto extra el marido también debía contribuir. La cuestión era que ella a través de los hijos intentaba hacerle la vida imposible y le seguía planteando demandas judiciales.

El ex marido me explicaba que le costaba reconocerla:

-Ahora se comporta como un monstruo conmigo, trata de hacerme todo el daño que puede, es difícil asumir que la persona que te ha amado luego pueda ser tu peor verdugo.

Al ponerme en contacto con ella, me dijo de forma muy cortante:

-Sólo quiero destruirlo y hacerle la vida muy difícil mientras pueda.

En estos casos el desamor deja lugar a otro tipo de sentimientos que mueven a la persona a actuar con la misma intensidad que lo hizo antes, pero de forma opuesta: El amor no se ha convertido en indiferencia sino en odio y en egoísmo sin escrúpulos.

Situaciones como ésta nos muestran la inconsistencia de las personas y de sus sentimientos, y uno se pregunta si el amor es un sentimiento más que viene determinado por un tipo de experiencia personal, o es algo en lo que se puede confiar.

Amar y ser amado

La mayor enfermedad hoy día no es la lepra ni la tuberculosis sino mas bien el sentirse no querido, no cuidado y abandonado por todos.

Teresa de Calcuta.

Cuando observamos el mundo en el que vivimos, podemos ver sus locos contrastes: mientras unos se mueren de hambre otros derrochan el dinero en lujos innecesarios, unos se afanan por construir y otros por destruir lo que antes ha sido construido, unos por salvar vidas y otros por acabar con ellas, se habla más que nunca de la paz, de la seguridad, del respeto y del amor, pero la realidad que vivimos cerca y lejos de nosotros es otra muy diferente, y así, podríamos seguir mencionando una larga relación de contrastes absurdos que evidencian la ausencia de algo que sea capaz de poner un poco de orden y armonía en este mundo tan complicado.

Una vez, intentando reparar un aparato, saqué un eje y se descontroló toda la maquinaria resultando imposible volver a sincronizarla. Al pensar en ello, me recuerda lo que se puede observar en la historia del ser humano: algún día, alguien sacó de su lugar una "pieza", y desde entonces, por muchos esfuerzos que se han hecho tanto sociales, políticos como religiosos, no ha habido forma de volver a armonizarlo de nuevo.

Esta inercia auto lesiva e irracional sólo puede invertirse con el Amor, pues, no hay otra cosa más esencial para el ser humano que recibir y dar amor. Con su ausencia, las personas se destruyen a sí mismas y a los demás. Todo lo que se ha escrito respecto al ser humano está relacionado con el amor. Si en algún lugar y momento ha habido amor, han dejado de existir las guerras y los abusos de unos hacia los otros, tomando el protagonismo la tolerancia y la cooperación, permitiendo una convivencia respetuosa y fructífera para todos. La ausencia de amor transforma a los hombres y a las mujeres en monstruos insensibles ante el sufrimiento de los más débiles, ambiciosos para acumular lo que nunca podrán usar para sí mismos, violentos para destruir o someter al que no piensa como ellos, y pervertidos e inmorales con todo aquello que puede dignificar al ser humano.

Desde el momento en que un ser es engendrado necesita amor. No todas las mujeres que han quedado embarazadas lo deseaban, ni tampoco en el tiempo de gestación transmiten al feto su ilusión y amor por el nuevo ser que se está formando. Muchos dirán que lo importante es que cuando nazca, los padres tomen su responsabilidad y con ello es suficiente para el niño. Pero la evidencia de las investigaciones y de las memorias tera-péuticas demuestra que el feto capta los estados de ánimo y las energías anímicas de los padres relacionadas con él. Un niño no deseado, o que no haya sentido la ilusión y el amor de los padres, tendrá problemas asegurados en su vida y en su relación con ellos.

Estuve ayudando a una mujer que sufría una depresión, cuando iba mejorando un día me dijo:

-Ya veo que voy a salir de la depresión, pero creo que seguiré con mi tristeza.

Al preguntarle por esa tristeza a la que hacía referencia continuó explicando:

-Yo siempre he sido una persona triste, cuando era una niña, no tenía la alegría de mis amigas, prefería verlas jugar que jugar con ellas, aunque no era capaz de identificarlo entonces, yo era una niña triste y esa tris-teza me ha acompañado hasta ahora.

Le dije que en la próxima sesión exploraríamos la etapa prenatal (el tiempo que estuvo dentro de su madre) y se fue muy intrigada.

Cuando lo hicimos ella conectó muy bien con esta etapa de su vida y se puso a llorar con un llanto muy sentido, y así estuvo por un tiempo hasta que liberó toda la tristeza que tenía acumulada en su inconsciente. Le pedí que preguntara a su madre por lo que ocurrió cuando estaba embarazada de ella.

El siguiente día que nos vimos tenía una expresión de cara muy diferente. Me dijo que se sentía muy bien, con una nueva sensación interior que no había experimentado anteriormente. A continuación me explicó que en aquella época sus padres pasaron muchas penurias económicas, el padre perdió su trabajo y tuvieron que emigrar desde el pueblo donde vivían a una gran ciudad, allí se hospedaron en una pequeña habitación de un piso compartido, teniendo que mal vivir por un tiempo hasta que su situación fue normalizándose. Su madre no podía sentir la alegría de la maternidad, se pasaba el día llorando y llegó a padecer un estado depresivo.

Todo niño y niña necesita el amor de sus padres para su desarrollo. Muchos padres quieren a sus hijos, pero los hijos no se sienten queridos por ellos. Esta cuestión es de suma importancia, pues, la autoestima de un hijo que no se siente valorado y querido por sus padres tendrá carencias significativas, y afectará a su desarrollo personal y al tipo de relaciones que establecerá con los demás. No me estoy refiriendo en este caso a aquellos adolescentes díscolos y caprichosos que, cuando sus padres no les dan lo que ellos quieren, los menosprecian y les dicen que nunca se han sentido queridos con el fin de manipularlos. La cuestión tiene que ver con el tipo de relación que se establece entre padres e hijos, el tiempo y las cosas que comparten.

Un niño tenía muchos problemas en la escuela a la hora de colaborar con la profesora y hacer las tareas que ella le pedía. La profesora me comentó el caso para ver la posibilidad de ayudar al niño. Le pedí que necesitaba ver a los padres y me dijo que prácticamente ella no los conocía porque con la que se veía siempre era con la abuela.

En la entrevista que tuve con la abuela volví a insistir que necesitaba verme con los padres para que el niño cambiara de actitud. Al fin pude reunirme con el padre y le hablé sobre la carencia que sufría su hijo y la necesidad de hacer cambios para que el niño sintiera que tenía unos padres que le amaban y le daban su lugar. El padre se mostró solícito y acordamos unos ajustes respecto al tiempo que le dedicaban al niño tanto él como su esposa.

Al cabo de un mes la profesora me llamó y me dijo que los padres habían reaccionado y el niño había cambiado completamente su actitud en la escuela.

Cuando una persona es adulta necesita dar y recibir el amor. Todas las personas necesitan sentir que son importantes para alguien, de lo contrario buscarán sustitutos, y si no los encuentran, experimentarán mucha soledad e infelicidad. Buena parte de los animales de compañía vienen a ocupar el lugar de los sustitutos del amor, sus dueños explican cuánto les satisface cuando llegan a casa y su perro los recibe con alegría desbordante.

Primero son los amigos, luego la pareja, más tarde los hijos y finalmente los nietos los que van llenando la parcela afectiva de las personas a lo largo de su vida después que comienza su emancipación de los padres. Si las relaciones dentro de la familia cumplen con su función de cubrir las necesidades del alma que todo ser humano tiene, la persona se muestra generalmente equilibrada y realizada.

Muchas parejas y personas solteras están adoptando hoy niños de países más pobres para darles mucho amor, sienten la necesidad de tomarlos como hijos e hijas y, que a su vez, ellos les reconozcan como padres y madres. Si la experiencia resulta positiva, se sentirán realizados.

El recibir y dar amor es una necesidad esencial del alma del ser humano que consciente o inconscientemente tiende a satisfacerle en los diferentes estadios de su vida. Esta necesidad es fundamental en la familia pero, afortunadamente, también podemos encontrarla en personas que se sensibilizan con los más débiles y necesitados. Muchas de estas personas subliman la necesidad afectiva dirigiéndola a estos colectivos y muestran una generosidad admirable. En muchas de las profesiones existentes en la sociedad como puede ser la medicina, la enseñanza u otros servicios sociales, ingresan personas con verdadera vocación de servicio y de ayuda hacia el prójimo.

Ciertamente, todo esto contrasta con la gran cantidad de gente que se ha ido al otro extremo a causa de sus carencias afectivas. Su reacción no ha sido sustituir o sublimar su falta de amor, sino caer en un egoísmo sin escrúpulos o en una agresividad irracional proyectando contra otros su malestar interior.

De la misma forma que la violencia engendra más odio y violencia, el amor sana y genera más amor. Pero hay dos principios universales que de no invertir su inercia, seguirán generando sufrimiento y conflicto dentro de las familias, en la sociedad y en definitiva en el mundo en que vivimos.

1) Somos personas heridas que a su vez producimos más personas heridas. Al examinar las generaciones de cualquier familia, se puede observar cómo los problemas de una generación repercuten en las siguientes y generan otros nuevos. A su vez, éstos seguirán afectando a las próximas generaciones. Nadie cuando nace viene libre de cargas emocionales pertenecientes a su sistema familiar. De la misma forma que toda persona tiene una herencia genética, también la tiene anímica, y ésta va a marcar su vida.

Recuerdo a un hombre que estaba integrado en diferentes organizaciones de tipo social y religioso habiendo caído en un activismo desbordante, le satisfacía mucho el reconocimiento que recibía de compañeros y usuarios de los servicios que prestaba. Pero sin darse cuenta, estaba haciendo con sus hijos lo que su padre hizo con él. El padre fue un hombre que no teniendo nada, trabajó duro y levantó una importante empresa, pero a nivel familiar, fue el gran ausente. Su hijo, sustituyó la carencia del padre por la gratificación que recibía al realizar tal entrega personal hacia los demás. El padre, tampoco había tenido una infancia suficientemente atendida por sus progenitores ni el abuelo tampoco. Este último quedó huérfano de madre cuando era muy pequeño y fue cuidado por unos tíos. El mensaje subliminal que fue transmitiéndose a través de las diferentes generaciones relacionaba la valoración personal con el *hacer* más que con el *ser*.

De la misma forma ocurre con tantas personas que tienen una clara predisposición para realizar conductas negativas hacia sí mismos y hacia los demás. Si tuviéramos los medios para conseguir la información suficiente, podríamos comprobar como ellos también son víctimas de situaciones que trascienden a sí mismos y les influyen de manera determinante en sus vidas.

2) Lo que el hombre sembrare eso mismo segará, es una de las máximas que se encuentran en la Biblia, cuyo mensaje es similar al que reza: *"Lo que das recibes"* o *"siembra vientos y recogerás tempestades"* propias de otras filosofías de vida o refraneros populares. Nadie puede escaparse de este otro principio universal, aunque aparentemente uno vaya en el vagón de primera categoría y otro en el de tercera.

Tal como ocurre con la tierra pasa con las personas. El mismo tipo de sentimiento que somos capaces de generar en otros determinará el tipo de conducta que otros realizarán con nosotros.

Un joven no se aceptaba a sí mismo, sobre todo el aspecto de su cara. Tanto la rechazaba que no podía mirarse al espejo. Los amigos con los que salía a menudo se reían de él porque no tenía éxito con las chicas y hacían alusiones negativas a lo feo que era.

Éste era uno de los muchos casos en que las creencias que la persona tiene sobre sí misma no coinciden con la realidad, pero él actuaba como si fuera la persona más fea del mundo.

Estuve trabajando con él para que superara la fobia y se aceptara a sí mismo. En la medida que iba consiguiéndolo fue cambiando de compañías, y abriéndose a nuevas relaciones. La seguridad en sí mismo que estaba desarrollando contribuyó a que progresara en su trabajo, y al cabo de un tiempo inició una relación sentimental con una chica muy bella, la cual, se había resistido hasta entonces a otras propuestas.

Un día vino expresamente a verme para enseñarme la fotografía de su novia y me dijo:

-Hasta hace poco nunca hubiera podido imaginar que una chica como ésta podría fijarse en mí. Es más, nunca había salido con una chica antes porque no me creía digno. He cambiado totalmente la forma de pensar que tenía sobre mí y sobre los demás, y me siento una nueva persona en un mundo nuevo. Llegué a odiarme y a odiar al mundo, deseaba desaparecer...

-¿Cómo te trata la gente con la que te relacionas? –Le pregunté–.

-Muy bien, me siento muy apreciado, mi novia y yo tenemos muchos amigos. Pero era cierto que la gente antes me trataba con menosprecio, no eran alucinaciones mías. Aún hoy me cuesta creer que hayan cambiado tanto las cosas.

Cierto, era tan real lo que le ocurría antes a este joven como lo que estaba viviendo ahora. Aunque parece difícil de explicar, las personas transmitimos información por otros canales que no son los físicos, y esta información es captada inconscientemente por otros que reaccionan y actúan en consecuencia. La conocida máxima: *Conforme nos tratamos nosotros, así nos tratarán los demás,* es tan real como la ley de la gravedad. Al cambiar nosotros cambia nuestro mundo.

Este principio funciona tanto para lo positivo como para lo negativo, La persona que siembra amor segara amor, la que da servilismo porque lo confunde con el amor, recibirá tiranía, y la que responde con violencia a una ofensa provocará muchas víctimas posiblemente inocentes.

Nadie sabe realmente qué es lo que va suceder con este mundo, pero si las personas han de respetarse y cooperar entre sí para tener una buena convivencia, así como proteger el medio en el que vivimos, sólo hay un ingrediente capaz de conseguir este milagro: el Amor. No los amores que hoy son y mañana dejan de ser, ni aquellos que existen por el interés; sino el Amor que trasciende a las religiones, a las culturas, a los intereses económicos y demás cosas que no son las personas. La Fuente del Amor es universal, y el Amor que mana de esta Fuente también, y por ello, todas las personas lo necesitan sin importar de que color sean, o cómo se vistan o en qué crean. De la misma manera que necesitan el agua y la luz del sol para vivir, necesitan el Amor para no destruirse a sí mismas. Cualquier persona puede recibirlo, experimentarlo y transmitirlo; sólo hay que predisponerse a ello y cambiar con él.

2: El amor tiene su propia identidad

> El amor es la mayor fuerza del mundo y sin embargo la más humilde.
> **Mahatma Gandhi**

Cuando se escuchan las expresiones que las personas hacen sobre el amor, puede comprobarse como éste es asociado o identificado con aspectos que el amor puede incluir, pero en la realidad, estos atributos no son en sí mismos el amor. Los poetas tienden a vestirlo de fantasía, los apasionados necesitan justificar sus impulsos reconociéndose a expensas de energías anímicas que superan su control, los científicos sólo ven procesos biológicos que son activados o desactivados en el organismo, los escépticos tratan de explicarlo por medio de los recursos que la naturaleza dispone para la continuidad de la especie humana, los idealistas apelan a la parte más esencial del ser, la cual, muestra su mejor cara alguna vez en la vida de cada persona, los moralistas lo asumen como la transmisión de los buenos valores de una a otra generación, los religiosos a la influencia de Dios en el ser humano, y los más misteriosos buscan razones en las fuerzas ocultas del universo.

Por todo ello, creemos interesante considerar un poco más detalladamente estas diferentes perspectivas referidas al amor contrastándolas con lo que podría ser su autentica naturaleza.

El Amor no es un sentimiento. Aunque lo podemos experimentar como tal, su cualidad esencial es distinta. Los sentimientos de afecto, por lo general, son una respuesta de la persona a un estímulo del ambiente. Y esta misma respuesta, puede invertirse de signo, cambiando el afecto por la ira si se sucede otro tipo de estímulo que provoque en la misma persona la reacción contraria.

Es frecuente observar cómo una pareja de enamorados pueden estar muy acaramelados en un momento dado, expresándose el eterno e incondicional amor que se tienen mutuamente, pero, al poco tiempo, los podemos ver enfadados y distantes porque ha surgido algún conflicto de intereses. Los sentimientos han cambiado y no pueden actuar igual que antes el uno para con el otro, ahora tendrán que esperar a que la activación emocional se serene y dé lugar de nuevo a los sentimientos de afecto que antes experimentaban. Si esto ocurre a menudo, lo más probable es que la cualidad de estos sentimientos que comparten se deteriore y, en el caso de que el conflicto fuera más serio, podrían dar por terminada la relación.

Cuenta una historia que había una princesa que estaba locamente enamorada de un capitán de su guardia y, aunque sólo tenía 17 años, no tenía ningún otro deseo que casarse con él, aún a costa de lo que pudiera perder.

Su padre, que tenía fama de sabio, no cesaba de decirle:

-No estás preparada para recorrer el camino del amor. El amor es entrega y así como regala, también sacrifica. Todavía eres muy joven y a veces caprichosa, si buscas en el amor sólo el placer, no es éste el momento de casarte.

-Pero, padre, soy tan feliz junto a él, que no quiero separarme ni un solo instante de su lado. Compartiremos hasta el más profundo de nuestros sueños.

Entonces el rey reflexionó y se dijo:

-Las prohibiciones hacen crecer el deseo y si le prohíbo que se encuentre con su amado, su deseo por él crecerá desesperado.

De modo que al fin le dijo a su hija:

-Hija mía, voy a someter a prueba tu amor por ese joven. Prepararé un recinto donde no os faltará de nada y estaréis en él durante cuarenta días y cuarenta noches sin poder salir. Si al final seguís queriéndoos casar es que estás preparada y entonces tendrás mi consentimiento.

La princesa, loca de alegría, aceptó la prueba y abrazó a su padre. Todo marchó perfectamente los primeros días, pero tras la excitación y la euforia no tardó en presentarse la rutina y el aburrimiento. Lo que al principio era música celestial para la princesa se fue tornando ruido y así comenzó a vivir un extraño vaivén entre el dolor y el placer, la alegría y la tristeza. Antes de que pasaran dos semanas ya estaba suspirando por otro tipo de compañía, llegando a repudiar todo lo que dijera o hiciese su amante. A las tres semanas estaba tan harta de aquel hombre que chillaba y aporreaba la puerta de su recinto para que la dejaran salir. Cuando al fin pudo hacerlo, se echó en brazos de su padre agradecida de haberle librado de aquel a quién había llegado a aborrecer.

Al tiempo, cuando la princesa recobró la serenidad perdida, le dijo a su padre:

-Padre, háblame del amor.

Cuando uno realmente ama, siente, y la experiencia del amor se hace evidente a través de los sentimientos. Por medio de ellos tenemos la capacidad de percibir las sensaciones y alteraciones en nuestro organismo, de emocionarnos y ser afectados por los estímulos espirituales. Todo ello ocurre cuando se mueve el amor, pero eso no es el Amor.

El Amor no es química mental, tal como se ha dicho repetidas veces. Sin embargo, está comprobado científicamente que existe una química interna que se relaciona con nuestras emociones y sentimientos, los cuales, determinan nuestro comportamiento.

Cuando una persona se enamora, una parte de su cerebro (hipotálamo) se activa aumentando la producción de neurotransmisores (partículas que comunican las células nerviosas). El corazón late más deprisa, la presión arterial se modifica, se liberan grasas y azúcares para aumentar la capacidad muscular, y los glóbulos rojos aumentan para mejorar el transporte de oxígeno por la corriente sanguínea.

Algunos han calificado el enamoramiento de enfermedad, ya que tiene su propia ristra de pensamientos obsesivos que interactúan con el sistema nervioso autónomo, donde todo es impulso y oleaje químico, lo cual, deja al intelecto y la fuerza de voluntad sin el control que, a partir de este momento, es tomado por la sensualidad.

El verdadero enamoramiento parece ser que sobreviene cuando el cerebro se inunda de una sustancia de la familia de las anfetaminas (feniletilamina) que él mismo produce, generando entonces la secreción de varios neurotransmisores (dopamina, norepinefrina y oxiticina) que afectan a la capacidad de desear algo y de repetir un comportamiento que proporciona placer y conductas como los arrebatos sentimentales, las conversaciones sin fin, el activo impulso sexual y la notable vitalidad que se manifiestan entonces de manera inconfundible.

Pero como todos saben, este estado alterado se mantiene durante un tiempo y luego decae, la pareja se encuentra entonces en un nuevo estadio de su relación y, en muchos casos, acaban separándose sencillamente porque han dejado de sentir placer; sin embargo, otros permiten que los valores anímicos tomen el protagonismo para que la experiencia de vivir en pareja pueda seguir siendo gratificante a través de un amor más sosegado. A partir de este momento se activarán otro tipo de sustancias como las endorfinas (compuestos químicos naturales que proporcionan la sensación de seguridad) dando comienzo la etapa del apego.

Así pues, aunque existe esta estrecha relación entre las emociones y los sentimientos con las alteraciones biológicas de nuestro organismo, las sustancias por sí mismas no pueden producir la alquimia del amor entre los seres humanos. No se puede ir a la farmacia para comprar unas cápsulas que devuelvan a la pareja a su estado original después que la decepción ha hecho mella en sus corazones.

El Amor no es un instinto, aunque el instinto forma parte de la naturaleza del ser humano y tiene diferentes funciones fundamentales para la preservación de la especie. El instinto se activa en diferentes momentos de la existencia del hombre y de la mujer, los cuales, sienten un imperioso deseo y placer en los actos propios del apareamiento y la reproducción, pero eso no es el amor. El amor dignifica y eleva a la categoría de humano estos actos a diferencia de otros seres vivos.

Por ejemplo, viene el momento en que una mujer siente la fuerza del instinto y desea ser madre. Si engendra y tiene un hijo, biológicamente será madre, pero como ser humano descubrirá una nueva dimensión al amar a su hijo. Cada acción en la que interactúen los dos tendrá un sentido muy superior al fin determinado por el instinto, éste queda reducido a un nivel muy básico en lo que el uno y el otro comparten. El amor transmite al hijo todo el componente anímico y espiritual de la madre, dignificándole como alguien que ha sido deseado y es reconocido, miembro indiscutible de una familia a quien pertenece por derecho y no solamente como un accidente de la naturaleza. Al instinto se le podría considerar como el motor de los aspectos naturales, pero el Amor lo es de los espirituales.

El Amor no es altruismo o solidaridad con el más débil. Es cierto que un rasgo altruista en una persona podría ser una manifestación práctica de la energía del Amor, pero en sí mismo, el altruismo no lo es. Varios filósofos y sociólogos como Herbert Spencer han analizado el binomio altruismo-egoísmo concluyendo que uno y otro no son independientes y opuestos, sino que, en la práctica, resultan unidos e interdependientes. Si alguien nos preguntase: ¿Es altruista o egoísta ayudar a los niños pobres? Lo más probable es que la respuesta fuera: "altruista", pero en esa acción hay unos beneficios personales. Uno de ellos se relaciona con las emociones positivas que la persona experimenta al realizar un acto de este tipo: reconocimiento, alegría y satisfacción por sentirse parte de un proyecto o acción benéfica o, la simple neutralización de inquietudes interiores no resueltas relacionadas con sus carencias anímicas. Cualquiera puede comprobar muy a menudo como personas que entregan sus vidas a cuestiones religiosas o sociales, cuando sus expectativas de reconocimiento se frustran, cambian sus conductas altruistas por otras más egoístas. Otro beneficio sigue el principio universal que reza: *El bienestar personal depende del cuidado que se ponga en el bienestar de los demás.* Por tanto, todos se benefician con el aumento del altruismo que lleva, por ejemplo, a la prevención y disminución de la violencia. Todas las sociedades avanzadas tienen muy en cuenta el altruismo con los más débiles y desfavorecidos como responsabilidad social para que redunde en beneficio de cada uno de los individuos que las integran. Es evidente que en las sociedades donde las personas sólo se preocupan por ellas y no por los demás, la comunidad se arruina y la convivencia se hace muy difícil.

A otro nivel más básico, en etología el altruismo se refiere al comportamiento animal, por medio del cual, un individuo pone en riesgo su vida para proteger y beneficiar a otros miembros del grupo. Los tratados sobre este tema acostumbran a mencionar el hecho de que entre los miembros de ese grupo ha de hallarse alguno que comparta sus mismos genes. Ésta sería una manera de asegurar la continuidad de su código genético.

A todo esto, el etólogo Richard Dawkins, en su revolucionario libro: *El gen egoísta,* en el que se divulgan las tesis de la sociobiología, planteó que el factor importante en la evolución no es tanto el bien general de la especie o grupo como el del individuo o gen. A causa de ello, el comportamiento está regido por el egoísmo de los genes de cada organismo, y no por el altruismo de cada individuo con respecto a los demás miembros de su especie. Dawkins demuestra este argumento a lo largo de todo el libro con numerosos comportamientos particulares.

Las personas que aman con amor auténtico necesariamente mostrarán un comportamiento altruista, pues, el altruismo es la complacencia por el bien ajeno, aún a costa del propio. Ello implica una actitud desinteresada que suele llevar unos costos o esfuerzos, los cuales, no se espera que sean recompensados. Sin embargo, como hemos expuesto, el amor produce altruismo pero el altruismo no es necesariamente una evidencia del Amor.

El Amor no es el producto de los valores y la buena educación, aunque éstos son fundamentales para el desarrollo personal y la convivencia. La labor de los padres y las entidades sociales que contribuyen a su formación pueden disponer a la persona para que actúe de forma amable y responsable con sus semejantes, pero como cualquier otro aprendizaje, es una instrucción de lo que conviene o no conviene hacer en cada situación, y esto no puede avanzar más allá. El Amor no se aprende, aunque hay libros que explican cómo amar de una mejor manera; no es una habilidad personal, tampoco es cuantificable ni se puede sistematizar en un método para enseñarlo; si así fuera, sólo habría que incorporarlo como asignatura en el programa escolar para conseguir generaciones de gente que ame y cambie el mundo.

En los mejores casos, el amor ya es captado desde que la persona es un feto. Recibe amor antes de nacer, y lo sigue recibiendo mientras se desarrolla. Entonces, cuenta con su mejor predisposición para tener un corazón sensible al amor, podrá recibirlo y darlo, amándose a sí misma, a la vida y a todos aquellos con los que se relacione. Otras veces, el amor se experimenta sin más, sin razones de peso que lo justifiquen, pero fluye, y esto es lo importante. La persona ama cuando se permite sentir amor y se abre a la acción del Amor eliminando todo aquello que le condiciona.

En un viaje que hice por tren, tuve ocasión de hablar con un hombre de unos treinta años de edad. Una vez que el tren salió de la estación y comenzaron a divisarse los campos llenos de amapolas, este hombre se dirigió a mí de forma espontánea:

-¿No son preciosos los campos en primavera?

-Sí, por supuesto –le respondí–.

A partir de aquí, comenzó a darme una serie de detalles que le admiraban de los árboles, las plantas de jardín y las flores.

-¿Es usted jardinero? –Le pregunté–.

-Sí, estoy enamorado de mi profesión, no la cambiaría por ninguna otra.

Y siguió explicándome cómo el trabajar de jardinero había cambiado su vida.

-Yo crecí sin amor, era una carga para mi madre y mi padre no me hacía caso. No le encontraba sentido a la vida, más bien estaba amargado y criticaba todo y a todos. Ningún trabajo me venía bien, y cuando comenzaba una relación, al cabo de poco tiempo venían los problemas y lo dejábamos correr.

Un día me admitieron como ayudante de jardinero y, como en los demás trabajos, empecé con pocas ganas y previendo que sería por poco tiempo. Evidentemente, esta vez me equivoqué. Alguna magia ha tenido la naturaleza para mí, nunca me había fijado en ella, pero comenzó a llamarme la atención sus formas, sus colores, lo que mi trabajo podía hacer en los jardines que me confiaban, y todo ello me cautivó. Sin darme cuenta me encontré amando a los jardines, a la naturaleza y a la vida. Mi amargura desapareció y fue como si se hubiera hecho de día en mi vida...

Me levanté porque el tren estaba entrando en mi estación de destino. Le di mi enhorabuena por los cambios que había experimentado en su vida y aún me dijo:

-¡Ah! Y hace tres meses que me he casado.

El amor por sí mismo manifiesta múltiples valores en la persona que ama, pero los valores no son el Amor.

El Amor no es una religión. Las religiones a lo largo de la historia se han desacreditado a sí mismas y, aunque todas hablan del Amor, a fin de cuentas, demasiadas veces el Amor ha sido, y es, el gran ausente de su práctica. Somos testigos de cómo las religiones pautan y cambian muchos aspectos de las vidas de sus fieles, pero pocas veces sus corazones son transformados por el Amor, así pues, en el nombre de Dios se han hecho y se hacen toda suerte de acciones que nada tienen que ver con su esencia, a pesar de que el principio fundamental que muchas religiones establecen es el mismo: *Dios es Amor.* La Biblia dice que Dios es Amor, todos aquellos que abren su corazón a Dios pueden experimentarlo, el mensaje central de Jesús fue el amor, y el apóstol Juan decía que: *"El que no ama no ha conocido a Dios".* Muchos pueden hablar de Dios y del amor, pero si no aman no han conocido a Dios. Es como la esponja que se mete en el agua, luego desprende agua, no puede desprender otra cosa. De la misma manera ocurre con el que está conectado a Dios, no puede transpirar otra cosa que amor. Si es el amor de Dios, no tiene limitaciones, no sólo amará a los miembros de su familia, a sus amistades, sino que su amor alcanzará a cualquiera que entre en su radio de acción.

Sin duda que dentro del ámbito espiritual o religioso hay personas que aman, personas que ni siquiera cuentan con un reconocimiento público, pero sus corazones se encuentran abiertos al Amor, hay doctrinas y misterios que no pueden explicar, sin embargo, el que se acerca a ellas recibe la bendición del Amor.

El Amor se predica y se asume como algo intrínseco del creyente. Tal como Jesús enseñó, debería ser independiente de las circunstancias y de las acciones de las otras personas sobre el que dice poseer o ser poseído por el Amor. Muchos son los que aseguran amar con Amor espiritual, aunque en la práctica, suelen mostrar amor hasta que tienen que enfrentarse a una frustración o a un conflicto de intereses, entonces, sus sentimientos, reacciones y conductas pueden cambiar de forma radical, siendo sus emociones naturales las que toman el control y no el Amor que creían tener.

Conozco bien a una familia que hace años (cuando no existían las tarjetas de crédito) pasaban por una situación muy precaria, uno de los hijos tenía la suela de sus zapatos agujereada y no tenía otros que ponerse. El padre se acercó a uno de los hombres pudientes de la iglesia a la que asistían, el cual tenía una cadena de zapaterías, y le explicó el caso. Seguidamente le propuso el pasarse con el niño por una de sus zapaterías y comprarle unos zapatos que le iría pagando poco a poco. Este hombre quedó un momento pensativo y luego le dijo: "Para no tener problemas con la gente de la iglesia, prefiero hacerlo al revés, usted me va dando la cantidad que pueda y cuando llegue al importe de los zapatos, pase por la tienda a recogerlos".

El padre quedó un poco triste y a primera hora del día siguiente que era lunes, entró en una zapatería que había cerca de su casa. Su dueño no era religioso, pero cuando el padre le explicó la necesidad que tenía y sus posibilidades, le faltó tiempo para decirle que trajera a su hijo y a cualquier otro miembro de la familia que se encontrara en condiciones semejantes. En cuanto al pago, podía realizarlo de la forma que le viniera mejor.

El Amor, afortunadamente, no es patrimonio de nadie: Dios es Amor independientemente de quien lo invoque. Donde se habla de él y se le adora debería ser el mejor ámbito para que se manifestase, sin embargo, el Amor toca y fluye a través de aquellos que tienen un corazón sensible donde quiera que estén.

El Amor no es esoterismo, aunque algunos pueden pensar que pertenece al reino de lo oculto y que puede manipularse con fórmulas mágicas. De hecho, se ha montado un buen negocio alrededor del amor para captar a los ingenuos, asegurándoles la facultad de influir en otras personas a través de rituales, amuletos y videncias. La realidad es que cualquier cosa que pueda obtenerse con estos experimentos nada tiene que ver con el Amor, ya que éste está por encima de cualquier manipulación y nunca al servicio interesado de nadie.

Traté con una pareja que, según aseguraba la mujer, eran el resultado de un trabajo de magia blanca. El hecho de conocerlos vino dado precisamente porque el amor no fluía entre ellos después de tres años de estar juntos, no sabían como se había esfumado su encanto y ahora, tenían problemas semejantes a los de muchas otras parejas.

La mujer me explicó que ellos dos eran componentes de un grupo de amigos que salían y se divertían juntos, pero él parecía no fijarse en ella. Después de haber hecho el ritual del amor sobre él, las cosas cambiaron y al poco tiempo comenzaron una relación de pareja.

Una vez escuchada la historia, le pregunté a ella si no había pensado en volver a realizar este ritual del amor que parecía ser tan eficaz.

-Es lo primero que pensé hacer cuando empecé a darme cuenta que nuestra relación no era como al principio.

-¿Y...? –Animándole a seguir–.

-Lo he hecho dos veces pero no ha funcionado.

En aquella ocasión fue más efectivo enseñarles algo sobre el perdón mutuo, y ayudarles a desarrollar una conciencia menos interesada, lo cual les ayudó a seguir adelante sin el lastre que habían acumulado.

En cambio, la persona que ama con amor auténtico, ella misma se convierte en una especie de imán sin proponérselo, por el sólo hecho de transmitir el bien más preciado: el Amor.

Si el Amor no es un sentimiento que se experimenta, ni química que se altera en nuestro organismo, ni el instinto propio de todo ser vivo, ni el altruismo de los grandes ideales, ni la mejor selección de valores del humanismo, ni la religión más ortodoxa, ni tampoco el misterio del esoterismo, entonces, ¿qué es el Amor?

Parece que hasta ahora, aunque muchos lo han intentado y existen infinidad de definiciones del amor, nadie ha podido explicar exactamente qué es el Amor. Esto lleva a asumir que el Amor puede manifestarse, describirse y experimentarse pero probablemente, nunca explicarse. Si alguien lo hiciera, sería tanto como explicar la naturaleza de Dios mismo, y esto sí que escaparía de la capacidad de comprensión del ser humano.

Por el momento, puede sernos útil poder discriminar entre lo que son manifestaciones, efectos, convencionalismos y otras alusiones referentes al amor de lo que es su esencia. Luego, podremos disponernos a encontrar una manera para llegar a conectar con el Amor, recibirlo, ser inundados por él, sanar nuestra vida y canalizarlo en nuestro ámbito de influencia.

Individualmente lo necesitamos para dar sentido a nuestra vida y vivirla con plenitud, evitando así, proyectar contra otros nuestras inquietudes y conflictos; nuestras familias lo precisan para vivir en armonía y nuestra sociedad lo anhela para no destruirse. Alcanzar el Amor, vivir en el Amor y compartirlo es la experiencia más rica que el ser humano puede disfrutar.

En los siguientes capítulos, encontraremos la descripción de dos realidades, una es en la que solemos movernos, y otra, la que podemos crear. Entre estas dos realidades hay un camino y, si nos aventuramos a andar por él, progresivamente nuestro interior irá transformándose y la realidad actual también.

3: Algunos enemigos del amor

El temor

> Todos los problemas tienen la misma raíz: el miedo, que desaparece gracias al amor; pero el amor nos da miedo.
>
> **Anónimo**

El temor es un huésped que pasa desapercibido en numerosas ocasiones, las personas tienen actitudes cerradas y toman decisiones equivocadas por temor. Difícilmente admitirían que es el temor quien les dirige en estas acciones, pero éste se encuentra en el subconsciente de las personas influyendo con su presencia, aunque no mostrándose con suficiente evidencia.

Una mujer amaba apasionadamente a su marido pero sufrían mucho los dos y lo desesperaba hasta aburrirlo. Todas las muestras de fidelidad y cariño que él intentaba darle nunca eran suficientes para dejarla tranquila. El problema estaba en que ella se valoraba muy poco y tenía celos de su marido. Sólo vivía para controlarlo y pasaban meses sin salir de casa los fines de semana. Ella no podía soportar el ir juntos por la calle y que pasara otra mujer y la mirada de su marido pudiera cruzarse con ella. Si esto ocurría, se sentía la más inferior de todas las mujeres y reaccionaba contra él. No importaba que aquella fuera poco agraciada, ella siempre se sentía comparada y menospreciada. El marido protestaba una y otra vez asegurando que no se había fijado en ella, pero esto no podía calmar su malestar y le agobiaba. Él me confesaba que cuando iban juntos por la calle lo hacía con temor y siempre acababan disgustados, por eso prefería quedarse en casa. Ella era consciente que terminaría por ahogar los sentimientos que su marido sentía por ella, y como le pasó en dos relaciones anteriores, él acabaría dejándola (por pura supervivencia).

El temor puede tomar multitud de formas, y los celos son una de ellas. A partir del momento en que los celos se generan, son muy difíciles de erradicar y restablecer la calidad de la relación anterior. Hay intereses y temores mezclados que acaparan la atención desarrollando pensamientos y sentimientos negativos que no dejan espacio para el Amor.

El temor es como una moneda, con su cara y su cruz. Una es positiva y la otra es negativa. La vertiente positiva del temor se encuentra en la base de la prudencia; la negativa, genera actitudes extremas como pueden ser la inhibición o el conflicto. El temor positivo es un mecanismo natural que nos ayuda a mantener la supervivencia y la sensatez en todo aquello que hacemos, pues, ayuda a prever las consecuencias objetivas de nuestras conductas o decisiones.

Una madre me comentaba su preocupación por su hijo, el cual, parecía no tener el sentido del peligro. Ella debía estar atenta todo el tiempo que jugaba en el salón para que no se acercara a la estufa eléctrica y se quemara. Le avisaba repetidas veces hasta que debía separarlo de ella pero el niño volvía al poco tiempo a acercarse peligrosamente.

Como el intento de convencerlo con explicaciones y mandatos no había dado resultado, le indiqué a la madre la necesidad de aumentarle al niño su conciencia sobre las consecuencias de tocar la estufa, así pues, elaboramos una estrategia para conseguirlo.

La madre tomó al niño y le protegió adecuadamente una de sus manos para que no pudiera lastimarse pero sí sentir el calor de una forma suficientemente intensa, y a continuación, como si fuera un juego, le acercó la mano a la estufa para que tocara la periferia de la zona peligrosa. El niño pronto sintió el fuerte calor y retiró la mano, pero la madre volvió a insistir acercándosela de nuevo, el niño se resistió pero forzado por la madre volvió a tocar la estufa y al momento, retiró la mano retirándose él también de la estufa, y meneando la cabeza le indicaba a su madre que no quería acercarse a ella. La madre simuló insistir de nuevo para que volviera a tocarla pero el niño dio evidentes muestras de rechazar por completo aquel absurdo juego que su madre se había inventado. Por fin, la madre pudo descansar de la constante atención que le requería la falta del sentido del peligro que el niño tenía respecto a la estufa.

Es necesario que un niño tenga una dosis de temor de aquello que puede dañarle y se asegure de evitarlo cuando va tomando autonomía sobre su vida. De la misma forma los adultos muestran responsabilidad al encontrar el equilibrio entre el temor y la audacia.

En el terreno afectivo, el temor a dañar a la persona que queremos nos hace respetarla y de esta forma, reforzamos el sentimiento de valoración y amor en la relación. Si este temor fuera exagerado, llegaríamos a agobiar a la otra persona o a caer en el servilismo con ella, y tanto una cosa como la otra tienen resultados negativos.

Pero lo que suele suceder en las relaciones es que nuestros propios temores los proyectamos sobre la otra parte, creando así un ambiente de conflicto y falta de confianza. Así pues, el temor a salir perjudicados nosotros en algún aspecto es el que nos lleva a cerrarnos, ponernos a la defensiva o atacar al que queremos.

Entonces, para poder considerar el temor como un elemento positivo en nuestras relaciones, tendremos que tener en cuenta dos puntos de referencia: si el temor es objetivo y si está centrado en nosotros o en el otro.

Una mujer me decía que su principal problema en su matrimonio era la falta de comunicación: "Mi marido no habla y yo me desespero".

Ella misma explicaba que su marido era diferente con la demás gente, podía hablar de cualquier tema y ser un buen conversador, cuando tenían invitados en casa o iban de visita, nadie podía decir que su marido era reservado e introvertido, pero cuando quedaban solos, era como si le tocaran un resorte y se volviera mudo.

Cuando fuimos analizando la situación, ella reconoció que le creaba inseguridad el hecho de que su marido tuviera otra forma de ver las cosas, cuando esto ocurría, ella se alteraba y se volvía insistente hasta que conseguía que su marido le diera la razón.

Hacía mucho tiempo que su marido había optado por darle la razón sistemáticamente o no contradecirla y esto también le creaba inseguridad, así que, se encontraba en un callejón sin salida si no resolvía sus temores.

Sus temores no le permitían respetar a su marido y lo agobiaba hasta el punto que con ella no podía mostrarse tal cual era. Por su parte el marido también tenía temor de las reacciones y conductas insistentes de su esposa, y el mecanismo de defensa que usaba reforzaba más el problema.

El amor es confianza y el egoísmo es temor. En el amor no se puede perder aunque parezca lo contrario, porque el amor es entrega y en la entrega estás dando lo que tienes voluntariamente. Si lo toman y no te devuelven nada a cambio, está bien, pues el amor en este caso no es un negocio, ni un intercambio, simplemente un regalo. Si la otra parte corresponde, está devolviendo otro regalo, pero no tiene la obligación de hacerlo.

En el egoísmo siempre estás expuesto a perder, cualquiera puede venir y quitarte lo que consideras tuyo. Puede ser tu tiempo, tu dignidad, tu dinero, tus sentimientos, tus derechos, o cualquier otra cosa que tenga valor para ti. Siempre debes estar vigilante cuando estás en el egoísmo, porque puedes salir herido o perjudicado.

Recuerdo que cuando era pequeño, una de las actividades que hacíamos los compañeros de escuela y de juegos era coleccionar cromos que conseguíamos de diferentes maneras: comprándolos, cambiándolos unos con otros o ganándolos en diferentes tipos de apuestas; al fin, muy pocos podían completar el álbum donde se pegaban los cromos.

De cuando en cuando aparecía un chico cuatro años mayor que yo, el cual, tenía un comportamiento un tanto extraño, no estaba interesado en completar su colección, en cambio, sí lo estaba en ayudar a los demás a completar las suyas. Cambiaba y regalaba cromos sobre todo a los que iban más atrasados, era como un ángel para el grupo, siempre que buscábamos cromos que costaban de encontrar pensábamos en él.

Un día se acercó a mí y me preguntó por mi colección y se la enseñé, vio que él tenía algunos de los cromos que a mí me faltaban y me los dio, así, sin más; no podía creérmelo.

-¿Qué quieres a cambio? –Le pregunté–.

-Nada –me respondió–.

-Pero... ¿por qué haces esto?

Nos quedamos un momento mirándonos y algo sintió respecto a mí que le hizo decidirse a contarme lo que aún recuerdo hoy:

-No quiero acumular cromos, disfruto más dándolos tal como he hecho contigo...

(Yo seguía mirándole a los ojos sin pestañear intentando comprenderle).

... Tengo una enfermedad del corazón desde que nací y el médico le dijo a mis padres que en cualquier momento podría morirme... ¿Para qué quiero los cromos? Prefiero dárselos a quienes les hacen falta como a ti...

-Pero... –le interrumpí– hasta ahora no te has muerto.

-Cierto, pero como en cualquier momento puede ocurrir, he decidido vivir la vida de otra forma que me hace sentir mejor.

-¿Mejor?...

-Sí, yo no tengo quejas ni desengaños cuando abro los sobres de los cromos, todos los cromos que recibo me vienen bien, pues, siempre serán útiles para alguien. Tampoco tengo que competir ni negociar por ellos, y de esta manera, nunca me siento como un perdedor. Disfruto mucho más ayudando a completar vuestras colecciones, así me siento parte de vosotros, es como si todas vuestras colecciones también fueran un poco mías. Tú sólo haces una colección y yo hago veinte a la vez, es mucho más apasionante...

Me dejó boquiabierto, aún hoy me acuerdo de aquella lección de filosofía de vida.

El temor tiene tanto poder como el amor si se le da el protagonismo. Las personas movidas por el amor o por el temor, van en una o en otra dirección con fuerza semejante, hacen grandes cosas y cosas miserables, no hay fronteras que detengan la fuerza de estos sentimientos. Las personas nos movemos fundamentalmente por lo que sentimos y no tanto por lo que razonamos, aunque nos parezca lo contrario. Cuando hay un conflicto entre la cabeza y el corazón siempre suele ganar el corazón. Por eso los consejos tienen muy poco éxito, las personas los buscan, los aceptan, pero al fin no van a hacer otra cosa que lo que sienten en su interior.

Cuando una persona ama ve lo mejor de quienes ama, tiene capacidad de comprenderles y disposición de superar sus debilidades. En cambio, cuando una persona es movida por el temor, distorsiona y magnifica los aspectos negativos de los demás, anticipa hechos que muchas veces no ocurren, pero el temor se los hace creer y entonces, actúa de acuerdo a las creencias que desarrolla en su interior. Así pues, tanto el amor como el temor crecen y hacen crecer en el corazón de las personas pensamientos, sentimientos y actitudes que luego se convierten en conductas diametralmente opuestas.

Había dos matrimonios muy amigos, siempre iban juntos a todas partes, eran más que hermanos, no tomaban ninguna decisión sin comentarla entre ellos, muchos les tenían envidia al verlos tan compenetrados y felices.

A raíz de un curso de formación que hizo una de las mujeres, conectó con una compañera con la que estableció una nueva amistad. Pronto la presentó a su amiga del alma y se integró con su pareja al grupo. Ahora eran tres parejas que compartían sus vidas, pero, pasando algún tiempo, comenzaron a crearse algunos desajustes, complicidades, malos entendidos y la confianza fue minándose entre ellos, de tal manera que las dos parejas originales se distanciaron, hablaban mal la una de la otra, expresaban preocupaciones y temores que eran supuestos y no eran capaces de esclarecerlos. Pasando un poco más de tiempo, la pareja que se distanció de las otras dos, se sentía muy dolida, con mucha amargura y me hizo el siguiente comentario cuando terminó su narración: "Con la misma intensidad con que antes les amábamos, ahora les odiamos"...

Es fundamental conocer en qué se basan nuestros temores. Sólo podemos discriminar y defendernos de los temores negativos cuando conocemos la causa que los produce. Muchos de nuestros temores no tienen una causa consistente, nuestra mente es una experta en generar temores irracionales que condicionan nuestra percepción, razonamiento y sentimientos. El hecho de hacer una introspección nos ayuda a poner en evidencia si un temor determinado es nuestro amigo o enemigo.

Hay temores que se desarrollan en nosotros en base a las experiencias anteriores que hemos tenido, y lo que hace nuestra mente es generalizarlos en la situación actual. Ser conscientes de ello nos ayuda a poder contrastar y razonar para controlarlos.

Hay temores que se forman por la influencia que otras personas pueden ejercer sobre nosotros. Discriminar lo que nos pertenece de lo que es ajeno puede poner luz en nuestra mente a la hora de ser consecuentes con nosotros mismos.

Hay temores que los construimos nosotros mismos por la tendencia que tenemos a facilitar el pensamiento negativo ante situaciones nuevas o que no controlamos en principio. La cuestión entonces está relacionada con la autoestima y la confianza en nosotros mismos.

Muchos de los temores que condicionan nuestra vida desaparecen por el sólo hecho de hacer el acto de voluntad de enfrentarlos de forma directa y decidida, al suceder así, se confirmaría que estos temores no tenían fundamento.

-Nunca pude saber por qué me dejó mi novio —me comentaba una joven−. Muchas veces le pedí que me lo explicara, y en un momento dado, fue más importante para mí el conocer la causa que el hecho mismo de apartarse de mi lado.

Me decía que ya no estaba enamorado de mí, pero la realidad era otra: él no podía dejar de enviarme mensajes y de llamarme. Los sentimientos que tenía por mí estaban presentes, pero había otra cosa más fuerte que estos sentimientos (siempre le creí sincero) que le apartaba de mi lado. No pudimos luchar con ese fantasma porque no fuimos capaces de identificarlo.

Pasados cuatro años él volvió a ponerse en contacto conmigo, ya había descubierto lo que le alejó de mí, pero era demasiado tarde, yo ya lo había arrancado de mi vida con mucho dolor y tenía otra relación que estaba funcionando bien.

Se quedó unos segundos en silencio y después continuo con la voz un poco quebrada:

-La verdad es que esta vida es injusta, yo lo aposté todo en la relación, y para ello, tuve que centrarme en él y darle el protagonismo en mi vida, pero él no lo hizo así. Él había tenido otra relación anterior que acabó mal y le marcó, habíamos hablado algunas veces de que buscara ayuda para liberarse de todos los malos recuerdos, y siempre decía que ya lo tenía superado.

Él pensaba que lo tenía superado porque cuando estábamos juntos lo pasábamos bien y no se acordaba de la otra chica. Cuando me dejó comenzó a darse cuenta que las malas experiencias de la anterior relación volvían a su mente y las relacionaba conmigo, fue entonces cuando decidió recibir ayuda. Ahora puede que otra tenga la oportunidad que yo no tuve.

En la base de cualquier pensamiento o sentimiento negativo suele haber un temor a algo, a algo que va en contra de nuestros intereses. El temor y el amor suelen ser incompatibles cuando se contraponen. Nos es difícil entregarnos a algo que creemos que puede perjudicarnos, por tanto, el impulso de nuestra mente es cerrarnos, alejarnos o atacar al objeto de nuestro temor.

Con frecuencia alimentamos nuestros temores sin controlar la dimensión que pueden tomar, la inercia de nuestra mente lo facilita. Cuando hay un pensamiento negativo, atrae a otros del mismo signo y termina creciendo desmesuradamente.

Cuando las personas permiten que los temores se desarrollen, acaban siendo víctimas de ellos y pierden su capacidad de control. Entonces, los valores de las cosas se invierten y una persona puede llegar a perder lo que más quería.

El egoísmo

Dios no encuentra sitio en nosotros para derramar su amor, porque estamos llenos de nosotros mismos.

Agustín de Hipona

El egoísmo y el temor se encuentran íntimamente relacionados, pero el egoísmo por naturaleza es el opuesto al amor. La persona egoísta no puede amar y el que ama no puede ser egoísta. Son incompatibles. Por esta razón, en las diferentes calificaciones sobre el amor hay una que es paradójica: "el amor egoísta". Quiere darse a entender con esta etiqueta que hay un tipo de amor que a la vez que ama busca su propio bien. O, también puede ser aquel sentimiento que en ocasiones busca el bien del otro y en otras el propio. En realidad, aunque este tipo de amor sea el que se encuentra más extendido en las personas que dicen amar, no es Amor, sino que mas bien es utilizar al otro para satisfacer las necesidades propias. Esto puede sonar demasiado duro, pero es necesario quitar la máscara para poder progresar al tomar conciencia de lo que realmente estamos sintiendo y haciendo.

Una mujer coreana fue un día a ver a un ermitaño que tenía fama de ser muy sabio. Vivía retirado en una montaña en pleno contacto con la naturaleza de la que obtenía todos los remedios que necesitaba para ayudar a los que le visitaban.

La mujer entró en su humilde cabaña y aquel le preguntó el motivo de su visita.

-Estoy desesperada, gran sabio. Sin duda necesito una de vuestras pociones.

-Pociones, pociones... –murmuró el anciano–, todos necesitan pociones... ¿Podremos curar un mundo enfermo a base de pociones?

La mujer empezó a contarle al anciano su problema. Su marido, tras volver de la guerra, había cambiado totalmente. Pasó de ser un hombre cariñoso a alguien frío y distante. Ya no hablaba, y las pocas veces que lo hacía, su voz sonaba helada, dura, áspera. Apenas comía, y muchas veces se encerraba en su cuarto tras dar un manotazo y se negaba a ver a nadie. Había abandonado sus ocupaciones y solía pasar el tiempo sentado en la cima de una montaña, con la mirada perdida en el mar, negándose a pronunciar palabra. Sus ojos, antes vivos y cómplices, eran ahora hielo o fuego rabioso. Ya no era el hombre con quien se casó.

-La guerra... la guerra transforma a tantos... –musitó el anciano–.

- Creo que una de vuestras pociones le haría volver a ser el hombre cariñoso que un día fue.

-Una poción... tan simple como una poción... En fin, te diré que no será fácil, y además para hacerla necesitaría el bigote de un tigre vivo. Es su ingrediente principal. Sin bigote no hay poción.

La mujer se fue apenada porque no sabía cómo podría conseguir aquel bigote, pero era muy grande el amor que le profesaba a su marido, por lo que una noche se decidió a buscar ese tigre.

Con un bol de arroz y salsa de carne se encaminó hacia la cueva de una montaña donde se decía que habitaba un tigre. A cierta distancia de la cueva depositó el bol con comida y llamó al tigre para que viniera, pero él tigre no vino. Así pasaron días en los que la mujer cada vez se acercaba unos pasos más a la cueva, llamando al tigre, que empezaba a acostumbrarse a su presencia. Una de esas noches, el tigre se acercó algo a la mujer, que tuvo que esforzarse para no salir corriendo. Ambos quedaron a escasa distancia, mirándose, escena que se repitió varias noches. Días después, la mujer empezó a hablar al tigre con una voz suave, y poco tiempo después, el tigre empezó a comer cada noche el bol de comida que ella le llevaba. Así pasaron hasta seis meses, llegando a haber cierto vínculo entre ellos (ya la mujer hasta le acariciaba la cabeza cuando el tigre comía). Y llegó la noche en la que la mujer le suplicó al tigre que no se enojara, pero que necesitaba uno de sus bigotes para poder sentir cerca a su marido. Y se lo arrancó, y para su sorpresa, el tigre no se enfureció.

La mujer fue nada más amanecer a la cueva del ermitaño, a quien le enseñó el bigote del tigre que había conseguido, feliz porque ya obtendría su poción. El ermitaño tomó el bigote satisfecho y lo arrojó al fuego. La mujer chilló sin entender nada, y el anciano la calmó y le preguntó cómo había conseguido el bigote.

-Yo... fui cada noche a la cueva del tigre, llevándole comida, hasta que me perdió el miedo y se acercó a mí. Fui muy paciente, seguí llevando comida aunque el tigre no la probaba, seguí acercándome cada noche aunque a veces el tigre ni siquiera salía. A partir de una noche, el tigre empezó a salir a recibirme y más tarde comía cuanto le llevaba.

Entonces empecé a hablarle, dejando que me conociera, y aprendí a disfrutar también de esos momentos en los que estábamos juntos. Y más tarde, le pedí el bigote. Pero ahora que lo has tirado... ahora no habrá poción y mi marido seguirá ajeno a mí, como si no existiera.

-No te preocupes, mujer –susurró el anciano–. Y escúchame. Lograste la confianza del tigre simplemente estando ahí, ofreciéndote, esperando, dejando que te conociera, hablándole y dándole el tiempo que necesitaba. Y además aprendiste a disfrutar de los encuentros con él. ¿No crees que un hombre reaccionará de igual modo ante el cariño, la comprensión, el interés y la compañía? Si pudiste ganar con cariño y paciencia la comprensión y el amor de un animal salvaje... sin duda puedes hacer lo mismo con tu marido...

La mujer comprendió entonces. Amar, confiar, tener paciencia, mostrarse, dar tiempo... había aprendido una valiosa lección gracias al ermitaño. Y no necesitaría de más bigotes de tigre para sentirse cerca de aquél a quien amaba.

El egoísmo sustituye al auténtico amor por uno mismo. Muy a menudo se confunde la autoestima con el egoísmo, mientras que en la primera cualidad la persona se ama a sí misma porque en su interior hay amor, en la segunda, la persona necesita proveerse de los sustitutos del amor porque carece de él. El que tiene amor es alguien que puede compartirlo y así lo hace, se siente bien por sí mismo, sus necesidades anímicas están en equilibrio, y no necesita usar a los demás para sentirse bien. Pero el que no ha recibido el amor suficiente como para llenar y equilibrar su ser interior, tiene la inquietud de compensar lo que le falta y suele hacerlo con sustitutos del amor.

La persona con baja autoestima depende de la aprobación de los demás, y es capaz de pagar un alto precio por obtenerla. Ella no se siente egoísta, y muchas veces actuará como altruista, pero en realidad, no hace otra cosa que buscar lo que necesita sin tener en cuenta lo de los demás, y cuando no se lo dan, se sentirá defraudada con el que no le responde como ella esperaba.

Conocí a una mujer que dirigía una institución de ayuda social, la cual, acogía y ayudaba a personas marginadas, indigentes y víctimas de diferentes adicciones. Cuando ingresaba una nueva persona en la institución, ella se mostraba cariñosa y solícita, no obstante, pronto iba tomando dominio absoluto sobre su vida. Mientras esta persona obedecía ciegamente todas las órdenes que recibía, las cosas marchaban bien, pero, en el momento en que manifestaba algún desacuerdo, era juzgada y tratada con mucha dureza, hasta que volvía a someterse o abandonaba la institución.

Aunque todo estaba disfrazado de amor y espiritualidad, en realidad, había una ausencia absoluta de respeto hacia la persona. Podría valorarse como una labor admirable si no aparecieran las miserias humanas que dan al traste con aquellos valores nobles. En definitiva, nuestra manera de tratar a los demás, no es más que una proyección de cómo nos sentimos con nosotros mismos.

El egoísmo siempre atenta contra el objeto del amor. Aunque muchos crean lo contrario, el egoísmo no suele ser selectivo; una persona puede tener la intención de ser generosa con los que ama y no importarle ser egoísta con los que le son indiferentes, pero el egoísmo no respeta estas categorías. La persona que permite el egoísmo en su vida le concede atribuciones suficientes para que la gobierne en más o menos grado. Puede que durante un tiempo la persona muestre una actitud generosa con aquellos que desea agradar, pero esto ya es en sí un acto de egoísmo, pues, no es otra cosa que un altruismo interesado; en otras palabras: una inversión que se espera sea rentable.

El egoísmo siempre atenta contra el objeto del amor porque lo frustra con su inconsistencia, lo desorienta con su incoherencia, y el que es receptor de este amor variable y contaminado, retrocede y se escuda para protegerse. Los actos de egoísmo en una relación pueden tolerarse, encubrirse, disimularse pero acaban con su frescura, con su ilusión, invirtiendo la entrega inicial por el deseo de sacar el mayor provecho posible.

Cuando uno observa el lenguaje no verbal en una persona puede darse cuenta si coincide con el lenguaje oral o los dos expresan cosas diferentes. Un ejemplo de esto es aquel niño que su madre le tenía prohibido que comiera golosinas fuera de casa. Un día se encontraba con un amiguito cuando llegó la madre de aquel con unas galletas en la mano y les preguntó si querían, el niño movió la cabeza en sentido vertical mientras expresaba verbalmente que no quería.

Más tarde o más temprano lo que hay realmente en nuestro interior saldrá a la luz, si hay egoísmo, acabaremos tratando a la persona que decimos amar con egoísmo; en el caso que haya auténtico amor no tenemos de qué preocuparnos, en los momentos más difíciles será cuando se hará más evidente.

Una pareja que llevaban cuatro años viviendo juntos tenían un conflicto que la mujer no estaba dispuesta a soportar por más tiempo. La cuestión era que a su compañero le gustaba mucho el fútbol, y tenía el televisor conectado al canal satélite para ver todos los partidos de los equipos más famosos del mundo que hacían los fines de semana. Por su parte, a ella no le gustaba nada el fútbol y, en cambio, le encantaba la naturaleza y salir a disfrutarla los fines de semana. Por esta razón, era miembro de una asociación de amigos de la naturaleza que hacía excursiones y presentaba proyectos a favor de ella.

Todo lo que la pareja compartía eran cargas pero pocas satisfacciones, habían intentado varias fórmulas de convivencia pero no encontraban ninguna que armonizara sus aficiones. Durante la semana trabajaban los dos y sólo se veían por la noche. Los fines de semana prácticamente no estaban juntos y la distancia entre los dos era cada vez mayor, de tal manera, que no sabían de qué hablar uno con el otro.

Ante una situación como ésta uno se hace preguntas como: ¿Qué fue lo que os llevó a casaros? ¿Qué tipo de vida llevabais en el noviazgo?

-Todo era diferente –dijo la mujer respondiendo a estas preguntas–, estábamos centrados en nosotros. Supongo que él seguía el fútbol como yo también estaba en contacto con la gente que ama la naturaleza;

juntos habíamos hecho algunas salidas con la asociación y también fuimos a partidos importantes, pero todo esto era lo secundario, lo primero éramos nosotros, la ilusión que teníamos el uno para con el otro.

El egoísmo convierte en egoístas a los que con él se relacionan. No puede ser de otra forma, ocurre por pura supervivencia, y esto es una ley universal. El que actúa egoístamente en una relación, lo puede hacer por diferentes razones: por pensar que es su derecho, por tratar de sacar algún provecho, o simplemente por falta de sensibilidad respecto a la otra parte. No importa el motivo, el resultado siempre suele ser el mismo: la otra parte tolera al principio y lo justifica con razones que le ayudan a no sentirse utilizado, pero llega un momento en que cambia su percepción sobre las acciones del egoísta, y llega a sentirse mal no sólo por ser víctima del otro, sino también contra sí mismo por permitir la falta de respeto, consideración e injusticia sobre su persona. Entonces es cuando de forma progresiva, o ante algunas circunstancias puede que más bruscamente, cambia sus sentimientos y la relación se convierte en una transacción interesada, a través de la cual nadie quiere salir perjudicado.

En el Lazarillo de Tormes, una obra maestra del siglo XVI, el autor plasma, entre otras cosas, el proceso educativo del protagonista como una evolución pedagógica de perversión. Siendo un muchacho joven que se había quedado sin padre, su madre lo entrega a un ciego para que le sirviera como guía. El ciego era un hombre astuto, tramposo y egoísta, el cual, se propuso enseñarle a vivir.

En una ocasión le dieron al ciego un racimo de uvas, y éste, le propuso al muchacho compartirlo de la siguiente manera:

-Tú picarás una vez y yo otra; con tal que me prometas no tomar cada vez más de una uva, yo haré lo mismo hasta que lo acabemos, y de esta suerte no habrá engaño.

Hecho este acuerdo empezaron a comer, pero pronto el ciego comenzó a tomar de dos en dos. El muchacho, viendo que el ciego había roto el acuerdo, entendió que él debería hacer lo mismo, así que, no sólo tomó dos, sino hasta tres uvas por vez.

Acabado el racimo el ciego se quedó pensando y meneando la cabeza le dijo al muchacho:

-Lázaro, engañado me has: juraré yo a Dios que has tú comido las uvas tres a tres.

-No comí, dije yo, mas ¿por qué sospecháis eso?

Respondió el sagacísimo ciego:

-¿Sabes en qué veo que las comiste de tres en tres? En que comía yo dos a dos y callabas.

Ésta es la cuestión, nuestra forma de vivir tiene una influencia sobre los demás, aunque no seamos conscientes de ello. Esta influencia sugiere unas pautas de conducta a los otros respecto a cómo tienen que relacionarse con nosotros. Por este motivo nos convertimos en corresponsables de nuestras relaciones. El protagonista de esta novela no era un pícaro cuando su madre lo entregó al ciego, pero éste lo convirtió en tanto o más pícaro que él.

Una joven pareja comenzaron a darse cuenta de que tenían problemas:

-Mi compañera me agobia —se quejaba él–.

A lo que ella replicaba:

-Él cada día se distancia más de mí.

Habían entrado sin darse cuenta en una dinámica egoísta donde cada cual miraba por su bienestar, y eso potenciaba el problema inicial que tenían. Cuanto más se distanciaba él para "protegerse" de ella, más lo perseguía ella y lo agobiaba para no sentirse insegura.

Éstos son los tipos de dinámicas egoístas en que se suele caer en las relaciones cuyos resultados, en general, siempre destruyen o deterioran notablemente las relaciones.

El egoísmo impide conocer y disfrutar la experiencia de la entrega. Es precisamente lo opuesto, el egoísta conoce el placer de conseguir lo que desea, pero nunca tiene suficiente ni queda totalmente satisfecho. A ser posible, progresivamente irá tratando de ganar más terreno, y si se lo permiten, se convertirá en un tirano.

Nunca he visto ningún tirano que sea feliz, puede sentir el placer de tener el control, de obtener todo lo que quiere con sus estrategias que los demás toleran, pero no es feliz, y no lo puede ser, porque no lo conoce. Si hubiera conocido lo que significa ser feliz, sabría que se basa más en el *dar* que en el *recibir*, y no utilizaría a los demás interesadamente, pero este concepto no llega a alcanzarlo su corazón. Para él *dar* es *perder* y *recibir* es *ganar*, y su experiencia de vida se mueve entre estos dos puntos de referencia.

Una mujer había tenido varias relaciones que le duraban por término medio unos dos años, en cada caso parecía repetirse el mismo guión: todo comenzaba como un ensueño de amor, pero pasando el tiempo, ella iba exigiendo más y más de su pareja. Venía un momento en que él comenzaba a mostrar su autoafirmación y se producían las típicas luchas para encontrar una fórmula de convivencia satisfactoria para las dos partes. Pero nunca la encontraban, ella parecía ser insaciable y al fin, él acababa por irse de su lado, sintiéndose los dos muy frustrados.

Ella solía presumir de exigir en las relaciones porque también lo daba todo, aunque la realidad era muy diferente. Daba aquello que le producía satisfacción, siempre había sido de esta manera en su vida, desde pequeña fue criada de forma muy consentida y así seguía de adulta. Esta particularidad era la que polarizaba su vida y siempre valoraba las situaciones en función de lo que ella experimentaba: si sentía inseguridad, era su compañero el que debía dársela, si se aburría era porque a él le faltaba creatividad... y de esta manera, hacía que la otra persona por mucho que se esforzara nunca llegara al nivel que ella le marcaba. Todos los compañeros le quedaban cortos, y buscando uno que le satisficiera plenamente acababa encontrándose sola.

Nunca había experimentado el gozo de la entrega, la alegría de dar por amor como un regalo sin esperar compensación, y si la hubiera, no medirla por unas expectativas determinadas. Aunque parecía entenderlo cuando se lo explicaba, en la práctica, tenía la sensación de salir perjudicada por dar más de lo que recibía. Esta concepción de las relaciones la hacía prisionera de considerarlas como una transacción, y en una transacción, siempre se pierde o se gana.

Habituación y rutina

> Vivir al máximo no consiste en evitar a toda costa la rutina, sino en ella,
> cada día ser una persona diferente, alguien mejor.
>
> **Anónimo.**

El amor incluye iniciativa y creatividad, el amor pasivo que no siente y vibra por la otra persona, es el amor sin fuerza que acaba debilitando al otro y puede llegar el momento en que cada uno se pregunta si la relación tiene sentido.

La *Habituación* es un mecanismo psicológico que toda persona posee para aliviarle el estar siempre alerta. Aunque en sí mismo es funcional, también puede tener su aspecto negativo en cuanto a las relaciones, pues, cuando en una relación afectiva desaparece la "chispa" comienza a encontrarse en peligro. Habituarse es modificar el nivel de respuesta ante un mismo estímulo. Por ejemplo, las primeras veces que una madre le grita a su hijo, éste responde con temor y sorpresa, quedando desconcertado por unos momentos, pero cuando la madre repite este comportamiento con frecuencia, el niño acaba no haciéndole el menor caso. Se ha habituado a los gritos de su madre.

La *Rutina* comprende aquellas actividades que en el día a día se repiten. Todas las personas debemos realizar una serie de cosas cada día para poder llevar una vida normal: dormir, comer varias veces al día, estudiar o trabajar, asearnos, vestirnos y desvestirnos, entrar y salir de casa a las mismas horas, tomar los mismos medios de transporte en su caso, comprar la comida, cocinar, lavar, planchar, limpiar y demás tareas domésticas, tener conversaciones sobre cómo han ido las cosas durante el día o lo que hay que prever para mañana, mirar la TV, leer o escuchar música según los gustos... Es evidente que la rutina se encuentra omnipresente en la mayoría de cosas que hacemos, no podemos sustraernos de ella, aún analizando a personas muy anárquicas, también puede comprobarse que la rutina está presente en ellas. Por tanto, podemos considerar que ésta puede atentar contra la magia del amor, sobre todo en aquellas relaciones afectivas que dependen esencialmente de la motivación que uno despierta en el otro.

Así pues, si sumamos la rutina a la habituación, el resultado puede ser un tanto preocupante. La mayoría de los tratados relacionados con las relaciones de pareja hacen referencia a estas cuestiones para que los amantes eviten sufrir sus consecuencias.

La habituación reduce la atención de uno hacia el otro. Existen unos automatismos psicológicos que tienden a integrar lo extraordinario en lo ordinario, y esto ocurre siempre que el estímulo extraordinario se repite el suficiente número de veces o la exposición de la persona a éste se alarga hasta el punto en que la mente reduce notablemente el nivel de la respuesta. Este es un hecho natural y, en principio, no se encuentra tan relacionado con la esencia del amor como a su viveza y forma de experimentarlo. Lo que suele ocurrir es que al habituarse la persona a la presencia y conductas del objeto de su amor, su nivel de alerta baja, y con él su nivel de atención hacia el otro. Puede dejar de estar tan solícito como antes, menos previsor, mostrar menos ilusión, sorpresa o pasión al avanzar el tiempo de la relación.

En un encuentro con un grupo de matrimonios y parejas tratábamos el tema del ambiente familiar, cada cual iba expresando con una palabra o frase lo que se percibía en su familia: tensión, activismo, comodidad, buen rollo, aburrimiento...

Una de las parejas que había expresado aburrimiento, explicó que juntos no sabían qué hacer, daban gracias a la tecnología porque les resolvía un problema importante y, así y todo, los fines de semana y días festivos les parecían muy aburridos.

-Las ilusiones propias de una familia se nos han ido esfumando: pasó la de ser novios y recién casados, también la que sentíamos al ir arreglando nuestra casa, de igual manera la que tuvimos para el nacimiento de cada uno de nuestros dos hijos, el cambiar de automóvil o el hacer un viaje al extranjero.

Hace un tiempo que pensamos que si tuviéramos amigos nos lo pasaríamos mejor... aunque, nos damos cuenta que nos falta algo más esencial dentro de nosotros para saber disfrutar la vida.

La habituación reduce la actividad emocional estimulada por el otro.

Cuando entra el amor dentro de una persona se producen cambios psicofisiológicos que se pueden experimentar y medir perfectamente. El amor no es sólo una emoción, sino que integra el componente emocional y como tal, provoca unas determinadas respuestas a diferentes niveles de la persona, tanto en el físico como en el anímico. No todos los objetos que pueden tener un interés para la persona producen el mismo tipo de intensidad de respuesta. Sólo aquel que reúne las condiciones suficientes para generar en la persona una respuesta tan positiva y generalizada.

Conforme la habituación va ganando terreno en la experiencia de la persona, la intensidad de los sentimientos, y en muchos casos su cualidad, también van cambiando: "Le quiero, pero no es como antes" (acostumbran a expresar). La otra parte puede interpretar que ya no es querida, y que ha dejado de ser importante; pero en realidad puede que solo sea una cuestión de activación y no de motivación: le quiere pero no lo experimenta con la misma intensidad que al principio. Sencillamente los mecanismos naturales de la habituación han actuado dejando la activación emocional en el nivel de lo "normal". Para esta persona, la relación forma parte de un conjunto de cosas importantes que hay en su vida, pero no como antes que en su vida había una *figura* y un *fondo*: la figura era su relación afectiva y el fondo eran todas las demás cosas. Ahora, la relación se ha integrado en su vida.

Una mujer separada que vivía con sus dos hijos de ocho y diez años de edad conoció a un hombre del que se enamoró. Antes de este momento, los tres estaban muy bien avenidos, aunque su padre les había dejado y al principio los niños lo pasaron mal, luego fueron aceptándolo y habían encontrado el equilibrio. Al enamorarse la madre, su vida cambió de forma significativa: el teléfono comenzó a funcionar a otro ritmo muy diferente, la expresión de su cara y la manera en que vivía ciertos momentos cambiaron ostensiblemente, y buena parte de su energía anímica se había activado en una dirección muy concreta. Era evidente que, aunque físicamente este hombre no vivía en casa con ellos, estaba siempre presente y tomando un protagonismo notable. Los niños volvieron a pasar otro momento crítico al sentirse desplazados sufriendo cambios en sus conductas. La madre les repetía a menudo que los quería igual que antes, que no se preocuparan de nada porque ellos eran lo más importante en su vida, pero sus hijos no lo vivían así. Otra vez se había producido el fenómeno: figura - fondo. La primera vez lo fue la marcha del padre que a través de su ausencia se convirtió en el protagonista de la situación; la segunda vez, fue el hombre que cautivó el corazón de la madre volviendo a desestabilizar el equilibrio conseguido. Con el tiempo, la relación fue progresando y el nuevo compañero de la madre acabó integrándose en la familia volviéndose a restaurar de nuevo la estabilidad y la normalidad.

La habituación puede convertir lo especial en normal. En el amor lo normal es que el objeto amado sea especial para el que ama, y este hecho es lo que caracteriza de manera única y maravillosa al amor. Aunque es cierto que la activación emocional se modifica por la habituación, hay otro aspecto más importante que puede cambiar, y si lo hace, es cuando la relación afectiva pierde sentido. Se trata de la activación que el amor produce en el área más anímico-espiritual de la persona, ya que, en la medida que el ser amado deje de ser especial, significará que el amor va transformándose en indiferencia o egoísmo, lo cual vendría a ser el "estado normal" antes de haber conectado con el amor.

Si el amor sólo tiene un componente emocional o, además, tiene una presencia instaurada en el área anímico-espiritual, eso marcará una diferencia esencial. Por eso en muchas relaciones afectivas, ni el paso del tiempo, ni la amortiguación de las emociones intensas propias del principio pueden cambiar en nada la cualidad del sentimiento, manteniendo una experiencia plena en la persona.

Para que la habituación pueda transformar lo especial en normal necesita alcanzar el área anímico-espiritual. En este ámbito, la relación no está en función de los sentimientos gratificantes que se pueden despertar mutuamente: "Te amo porque me haces sentir bien". Sino en lo que cada uno significa para el otro.

En el caso de una madre y un hijo, independientemente de cómo puedan ser de intensas sus emociones, cuando vengan los momentos más difíciles en que el hijo puede volverse contra la madre, ella le seguirá amando profundamente aunque reciba lo contrario de lo que le dé. Sus sentimientos los percibirá más profundos y menos superficiales que cuando las cosas iban bien. Es como si leyera en el corazón del hijo un conocido proverbio chino: "Ámame cuando menos lo merezco porque es cuando más lo necesito". Este tipo de relación es posible por lo que el hijo significa para la madre, no porque él sea capaz de generar en ella emociones positivas.

Hay una antigua historia que puede ayudarnos a reflexionar sobre esta cuestión.

Hubo una vez, en la historia del mundo, un día terrible en el que el Odio, el rey de los malos sentimientos y virtudes, convocó a una reunión urgente a todos sus súbditos.

Todos los sentimientos oscuros del mundo, y los deseos más perversos del corazón humano, llegaron a esta reunión con la curiosidad de saber cuál era el propósito de la convocatoria.

Cuando al fin estuvieron todos presentes, habló el Odio y dijo:

-Los he reunido aquí a todos porque deseo con todas mis fuerzas matar a alguien.

Los asistentes no se extrañaron mucho, pues era el Odio el que estaba hablando, y él siempre quiere matar a alguien. Sin embargo todos se preguntaban entre sí quién sería tan difícil de matar, tanto como para que el Odio los necesitara a todos.

-Quiero que maten al Amor –añadió–.

Muchos sonrieron malévolamente, pues más de uno le tenía ganas...

El primer voluntario fue el Mal Carácter, quien dijo:

-Yo iré, y les aseguro que en un año el Amor habrá muerto; provocaré tal discordia y rabia que no lo soportará.

Al cabo de un año se reunieron otra vez, y al escuchar el informe del Mal Carácter quedaron todos sumamente decepcionados.

-Lo siento, lo intenté todo, pero cada vez que yo sembraba una discordia, el Amor la superaba y salía adelante.

Fue entonces cuando muy diligente se ofreció la Ambición, que haciendo alarde de su poder dijo:

-En vista de que el Mal Carácter fracasó, iré yo. Desviaré la atención del Amor hacia el deseo por la riqueza y por el poder. Eso nunca lo ignorará.

Y comenzó la Ambición el ataque hacia su víctima, quien efectivamente cayó herida... pero después de luchar por salir adelante, renunció a todo deseo desbordado de poder y triunfó de nuevo.

Furioso el Odio por el fracaso de la Ambición, envió a los Celos, quienes burlones y perversos inventaban toda clase de artimañas y situaciones para despistar al Amor y lastimarlo con dudas y sospechas infundadas. Pero el Amor, confundido, lloró y pensó que no quería morir, y con valentía y fortaleza se impuso sobre ellos y los venció.

Año tras año, el Odio siguió en su lucha enviando a sus más hirientes compañeros; envió a la Frialdad, al Egoísmo, a la Indiferencia, a la Pobreza, a la Enfermedad y a muchos otros que fracasaron siempre, porque cuando el Amor se sentía desfallecer tomaba de nuevo fuerzas y todo lo superaba.

El Odio, convencido de que el Amor era invencible, les dijo a los demás:

-Nada que hacer. El Amor ha soportado todo, llevamos muchos años insistiendo y no lo logramos...

De pronto, de un rincón del salón se levantó un sentimiento poco conocido y que vestía todo de negro, con un sombrero gigante que caía sobre su rostro y no permitía ver su aspecto. Era fúnebre como el de la muerte:

-Yo mataré al Amor, dijo con seguridad.

Todos se preguntaron quién era ese, que pretendía hacer sólo lo que ninguno había podido. El Odio dijo:

-Bueno... si estás tan seguro, ve entonces y hazlo.

Tan solo había pasado algún tiempo, cuando el Odio volvió a llamar a todos los malos sentimientos para comunicarles que después de mucho esperar, por fin el *Amor había muerto*.

Todos estaban felices, pero sorprendidos. Entonces el sentimiento del sombrero negro habló:

-Ahí les entrego el Amor, totalmente muerto y destrozado, y sin decir más, se marchó.

-Espera... –dijo el Odio– en tan poco tiempo lo eliminaste por completo, lo desesperaste y no hizo el menor esfuerzo para sobrevivir. ¿Quién eres?

El sentimiento levantó por primera vez su horrible rostro y contestó:

-Soy la Rutina.

El resentimiento

El resentimiento es como tomar veneno y esperar a que la otra persona muera.

Malachy Mccourt

En las relaciones humanas, las diferencias de percepción y valoración que se producen entre las diferentes partes, y la manera en que éstas se expresan, suele afectar a los sentimientos que mutuamente experimentan. Por ello, puede observarse con frecuencia cómo se producen enfrentamientos o distanciamientos que perturban la calidad de esas relaciones.

La forma de tratar este tipo de circunstancias es lo que determina el sustrato que se va formando en el fondo de la relación. Algo similar es lo que ocurre en un río navegable donde el agua va arrastrando elementos sólidos que van depositándose en su cauce, y viene un momento en que debe hacerse un drenaje para poder seguir utilizándolo.

El resentimiento viene a ser como una intoxicación que se produce en lo profundo de nuestro corazón, que provoca cambios significativos en nuestra forma de pensar, sentir y actuar respecto a la persona que responsabilizamos de nuestro malestar.

Esta intoxicación se origina a raíz de las emociones negativas que se crean cuando alguien se siente personalmente ofendido. Estas emociones pueden ser neutralizadas, liberadas o enquistadas en nuestro subconsciente y, si ocurre así, es cuando quedamos intoxicados. A partir de este momento, valoramos de manera crítica y negativa todo lo que viene de la otra parte, creando una relación más difícil con más obstáculos que salvar.

Hay personas que tienen más facilidad que otras para el resentimiento, esto obedece a diferentes factores que provocan la interiorización y retención de las emociones negativas, pero lo realmente importante es la voluntad que la persona tenga de no permitir el que se deposite este veneno en su interior.

El resentimiento es un lastre inútil. Pocas cosas hay tan inútiles y destructivas como ésta: ocupa un espacio en nuestro ser interior, consume un tiempo irrecuperable de nuestra vida, gasta una energía valiosísima, cautiva nuestra atención sobre un guión repetido, nos impide disfrutar de cosas enriquecedoras e importantes, nos aleja de aquellos que son importantes en nuestra vida, nos engaña haciéndonos creer que desaparecerá cuando saldemos cuentas... en fin, no hay cosa menos inteligente que guardar resentimiento. Es como cargar con un saco lleno de piedras esperando que llegue la ocasión para echárselas sobre alguien que no nos simpatiza; llegado el momento, la mayoría de veces uno se da cuenta que no tiene sentido hacerlo. Entonces, es cuando suelta el saco, pero se siente mal consigo mismo por haber sido tan estúpido.

Esto es lo que le ocurrió a una mujer que había sufrido abusos sexuales por parte de su padre cuando era pequeña. Toda la vida se sintió con mucha amargura contra su padre. Con frecuencia había expresado que un día tendría que pagar por lo que le hizo y, aunque su padre cambió con el tiempo, ella siempre evitó la relación con él. Nunca habló bien de su padre, y el odio que sentía contra él lo proyectaba contra la figura masculina. Vino el momento en que su madre murió y su padre quedó solo siendo de edad avanzada, ella pensó que le había llegado el momento en que comenzaría a pagar por lo que hizo, pero al verlo cómo iba perdiendo facultades, fue sintiendo mucha pena por él y finalmente decidió traerlo a su casa para atenderlo. Ahora cuando veía a su padre desvalido, dependiendo totalmente de ella, se lamentaba de haber llevado una carga tan pesada y tan inútil.

El resentimiento ni es pasivo ni inocuo. Los sentimientos negativos siempre están trabajando en la sombra en contra de la relación. Muchas veces la persona que ha permitido el resentimiento en su corazón es difícil que admita que sigue presente, asegurando que ya ha sido superado. En el caso de no ser así (como suele pasar), puede ocurrir que la detonación del resentimiento se produzca años después de su generación; durante todo este tiempo, no se han extinguido las emociones ni sus efectos sobre la persona, más bien han ido creciendo bajo represión hasta que un incidente, posiblemente sin mucha importancia, atraviesa la fina cobertura que mantenía oculta la amargura, y entonces salta como una bomba esparciendo todo la carga dañina a su alrededor.

En general, las personas suelen acumular muchas pequeñas bolsas de resentimiento en su inconsciente. Desde la primera infancia y a lo largo de su vida han vivido numerosos momentos que han dejado su huella negativa en su interior, por esta razón tienen reacciones desproporcionadas o no coherentes ante hechos o dichos que no las justifican. Sin embargo, evidencian una hipersensibilidad hacia todo aquello que consideran que puede afectar a su dignidad personal. De igual modo, su forma de pensar y sentir no quedan excluidas y, a menudo, puede observarse como están influidas o distorsionadas por hechos o presupuestos que no pertenecen al caso. Pero sí a este bagaje de emociones negativas reprimidas, que se activan a través de las percepciones que la persona tiene.

La ilusión de pensar que se controla o puede controlarse esta actividad del inconsciente, sus reacciones y cambios de estado de ánimo injustificados es muy común. Pero la realidad muestra que no es así, y hasta que estas bolsas de carga emocional negativa no son limpiadas y desaparecen, la persona controla pocas cosas.

Un padre me decía que su hija adolescente le agobiaba constantemente censurándole buena parte de su comportamiento normal: la manera en que comía, o hablaba, o vestía...

-Siempre he hecho lo mismo, y ella ha crecido conmigo. A nadie le ha molestado nunca lo que hago, sólo a ella. Me resulta difícil entenderlo.

Era evidente que la hija experimentaba un rechazo hacia su padre, y no era cuestión de forma, sino de fondo.

Pasadas unas semanas tuve oportunidad de hablar con la hija y poco a poco ella fue abriéndose y explicando las cosas que le incomodaban de su padre. En un momento dado llevé su atención hacia la relación de pareja que sus padres tenían. Ella intentó esquivarlo expresando que era una cuestión de sus padres.

-Es cierto –le dije–, pero tú amas a tu madre.

-Sí, por supuesto.

-Y ella te ama a ti.

-Mucho.

-Si alguien tratara mal a tu madre, ¿cómo te sentirías?

-Creo que le pegaría.

-¿Cómo percibes que tu padre trata a tu madre?

-No la maltrata.

Hubo unos momentos de silencio, y expresó a continuación:

-Pero no la trata con el amor que debiera, no me gustaría a mí que mi pareja me tratara con la pasividad con que mi padre trata a mi madre. Me da mucha rabia a veces cuando veo a mi madre como se acerca a él con cariño y no responde, como si le diera igual.

Ahí estaba la bolsa de resentimiento que la hija tenía contra el padre, de la cual no era consciente, en cambio, sí exteriorizaba los efectos de sus emociones negativas reprimidas expresando desacuerdo y rechazo al comportamiento formal del padre.

El resentimiento daña a la relación porque primero daña a su depositario. Una relación no es más que la interacción entre dos o más personas; cuando una de ellas sufre un daño anímico, la relación lo sufrirá también en mayor o menor medida, puesto que la relación siempre es el resultado de los estados de ánimo de sus componentes. Si una persona dice o hace algo que daña a otra, ha dañado la relación.

A partir de aquí, el daño causado puede tener una repercusión puntual y volverse a restablecer la anterior armonía, pero, también puede ocurrir que la restauración sea superficial o aparente, y una de las partes de la relación dé cabida al resentimiento. En este caso, cuando una persona alberga un sentimiento negativo contra otra no podrá percibirla igual que antes, pues la percepción nunca es objetiva, siempre está condicionada entre otras cosas por la experiencia.

Dependiendo de la intensidad de las emociones reprimidas, su vida quedará directamente afectada. Aquella cuestión vendrá a su mente con frecuencia, le creará tensión o un estado de ansiedad latente, mal humor, le será más difícil centrarse en lo que debe hacer, sus conversaciones pueden tener como tema central lo ocurrido y las suposiciones que se derivan. Mientras se encuentra bajo esta perturbación no será capaz de experimentar ni de mantener el mismo estado de ánimo que antes en la relación. Entonces, lo más frecuente es que la persona intente superar el hecho rechazándolo cada vez que viene a su mente, intentando razonarlo para que encaje en sus esquemas mentales y no cree más disonancia.

La persona puede posicionarse en varias alternativas:

- Estableciendo un cierto distanciamiento con el fin de protegerse; en el fondo, la persona teme volver a pasarlo mal con la otra parte.

- Atacando a la parte que responsabiliza de la ofensa, pues, el resentimiento ha derivado en un sentimiento de venganza.

- Asumiendo y aliándose con el resentimiento, así lo convierte en una sofisticada arma, la cual, actuará en momentos puntuales en contra del otro pero no de manera evidente.

En definitiva, la persona que ha quedado afectada actuará como tal; ya no es la misma que antes, ha perdido su confianza y nobleza; ahora, el temor, el dolor, la amargura, el deseo de hacer justicia, la han convertido en otra persona, aunque aparentemente todo parezca seguir igual.

"Todo iba muy bien entre nosotras –me decía una mujer joven hablando de su mejor amiga–, pero un día le noté un cambio, estaba más distante conmigo. No le di más importancia, pensé que cualquiera puede tener un mal día y decidí respetarla y no agobiarla. Los días siguientes la veía con la misma actitud hacia mí y me interesé por lo que le pasaba, mi buena voluntad fue inútil, no fui capaz de poder averiguar lo que le ocurría conmigo.

Nuestra relación poco a poco fue enfriándose y me quedé con un sentimiento de impotencia por no poder remediarlo, no estaba tratando con la misma persona que había sido mi amiga íntima por varios años, era otra persona con la que no podía experimentar la alegría y la paz que antes compartíamos. Finalmente, nuestra amistad quedó reducida al nivel de compañeras en el grupo de amistades comunes que teníamos, solamente nos veíamos cuando el grupo se encontraba para hacer alguna actividad o pasarlo bien.

Un día hablando con mi madre respecto a lo que había pasado con mi amiga, ella recordó algo que lo explicó todo: La última vez que tu amiga vino a casa y tú no estabas, me senté con ella un rato y estuvimos hablando de aquel chico que os gustaba... Ahora pienso que le dije algo que debió sentarle mal... Le compartí el comentario que tú me hiciste de los sentimientos que ella tenía con aquel chico. Pensé que siendo tan amigas como erais no se ofendería, sino al contrario, me parecía algo simpático para ponerle un poco de sentido del humor a la situación.

Aunque intenté volver a hablar con la que fue mi amiga un año más tarde, ya no fue posible volver a restaurar la amistad, no había ni la confianza ni la motivación suficiente para hacerlo."

La atribución externa

¿Por qué te fijas en la astilla que tiene tu hermano en el ojo, y no le das importancia a la viga que está en el tuyo?

Jesús.

La atribución externa es uno de los mecanismos de defensa de nuestro inconsciente para no enfrentarse a algo que puede crearnos algún tipo de sufrimiento. Este mecanismo consiste en atribuir la causa de un malestar propio a otra persona o situación. De esta manera no cargamos con la responsabilidad de tener que reconocer que nosotros mismos somos los que provocamos nuestros males emocionales.

Siempre que sufrimos y cargamos con esta responsabilidad a otra persona impedimos nuestro crecimiento interior, pues en la cuestión emocional, sólo nosotros somos los responsables de cómo nos sentimos.

Lo que las otras personas nos digan, hagan o dejen de hacer, tendrá la importancia que nosotros le demos. En el caso que la otra persona frustre una de nuestras expectativas sobre ella, puede afectarnos mucho y producirnos un gran disgusto, el cual, atribuiremos a la acción de aquella persona, pero en realidad, quien ha creado la expectativa somos nosotros, y quien le da una interpretación negativa a su acción, también somos nosotros.

Depende del poder que le damos a la otra persona sobre nuestros sentimientos, seremos más o menos vulnerables y lo que haga o deje de hacer podrá afectarnos en mayor o menor grado.

Lo que sentimos por otra persona está directamente relacionado con las expectativas que tenemos respecto a su conducta con nosotros. Si esperamos mucho y nos da poco, nos sentimos menospreciados y tristes. Si esperamos poco y nos da mucho, nos sentimos honrados y queridos. Nuestra motivación y sentimientos por la otra persona estarán relacionados con este equilibrio del dar y recibir.

La capacidad que tengamos de desvincular nuestros estados de ánimo de las conductas que el otro tenga con nosotros, nos ayudará a no ser tan dependientes de sus acciones y poder disfrutar de unos sentimientos afectivos más estables en la relación.

La atribución externa nos impide el crecimiento interior al desviar la responsabilidad de nosotros mismos. Es una manera de evitar la ansiedad que puede producirnos el tener que enfrentarnos con lo que hay en nuestro interior y, como la mente tiende a evitar lo que le hace sufrir o le incomoda, atribuir a otro la causa de nuestro malestar cubre esta falsa necesidad.

Una de las maneras por medio de la cual se estimula el crecimiento interior es a través del hecho de enfrentarse a la necesidad de cambio, cuando éste se admite como solución a un problema reconocido. Por esta razón es fundamental no desviar la responsabilidad de nuestras emociones negativas hacia fuera, sino, asumir en todo caso, que las emociones que experimentamos son nuestras y que nadie puede generarlas por nosotros.

Siendo esto así, que nadie puede hacernos sentir mal aunque quiera si nosotros no le damos el poder para hacerlo, nuestra actitud será muy distinta ante un hecho que nos duele: no habrá acusaciones, más bien introspección para averiguar de dónde provienen las emociones negativas que se han activado de forma automática sin nuestra contribución consciente.

De esta manera nos damos la oportunidad de confrontarnos con la realidad y reflexionar para descubrir el origen de la reacción emocional, siendo posible entonces, ordenar conceptos y creencias, deshacernos de guiones inútiles, liberar pensamientos y sentimientos que tienen presencia en nuestro inconsciente, y al mirar hacia adentro podremos identificarlos y deshacernos de ellos para que no vuelvan a condicionarnos ni a tomar el control de nuestra conducta.

Había una pareja que llamaban un poco la atención porque ella era más alta que él, y él, no lo llevaba muy bien. Él no lo admitía como un problema, pero tenían frecuentes discusiones cada vez que asistían a encuentros con sus amistades ya que siempre, por una cosa u otra, él se sentía molesto con alguien. En cualquier momento se diría o se haría algo que él interpretaría como dirigido a su persona para ponerle en evidencia. Esta percepción distorsionada y negativa de la realidad que él tenía iba distanciándoles de sus amistades, puesto que, sufrían más que disfrutaban y se iban aislando cada vez más.

Aunque ella había intentado por activa y por pasiva transmitirle que se había enamorado de él, que le gustaba tanto su físico como su ser interior, que no le cambiaría por nadie... nada de eso podía hacerle sentir de manera diferente ni cambiar el complejo de inferioridad que tenía. Cada vez que escuchaba de nuevo algo que él asociaba con su manera de percibirse, volvían a dispararse sus emociones negativas.

El obstáculo más grande para poder ayudarles era que él no reconocía su responsabilidad en sus reacciones. El problema no era los demás, ni las cosas que decían o hacían. Esta forma de pensar les hacía sufrir y perder sus relaciones tratando de exigir y cambiar fuera lo que sólo podía resolverse dentro. No había solución posible al problema hasta que él no fuera honesto consigo mismo y se dispusiera a tratar sus complejos.

La atribución externa nunca es objetiva. Hay varias razones que la descalifican como juicio objetivo, la más evidente es que al juzgar algo o a alguien, siempre lo haremos desde nuestra perspectiva, no pudiendo contrastar cómo se ven las cosas desde la otra parte.

En el caso que estemos emocionalmente tocados, la distorsión del juicio se potenciará mucho más, puesto que las emociones que se han activado dirigen nuestro razonamiento en la dirección que éstas determinan.

Aún no siendo así, hay otro factor que nos predispone a valorar las cosas de una forma sesgada. Se trata de nuestra dignidad personal, por la cual sentimos una imperiosa necesidad de mantenerla siempre a salvo.

Tampoco puede ignorarse que una misma cosa puede tener dos significados diferentes para dos personas, por ello, el filtro personal de cada uno será otra variable que influirá a la hora de valorar una situación.

Y todavía queda la percepción de intencionalidad que la persona imputa al autor del hecho, este factor suele ser el que más influye en el tipo de emociones que se generan como respuesta a la situación.

Así pues, lo correcto no es decir que me siento mal porque tal persona me ha ofendido. Mas bien ha sido la valoración que he hecho de lo que la otra persona me ha dicho. De esta manera estamos poniendo la causa donde debe estar.

Si un comentario te afecta es porque hay que trabajar en algo que está en tu interior para que te deje de afectar, es parecido a aquel que es alérgico a los lácteos. Los lácteos no son la causa, son el elemento que pone en evidencia que hay una causa en el organismo de la persona que crea un problema cuando ingiere lácteos.

Si reconocemos que las causas de nuestro malestar se encuentran en nuestro interior y no en nuestro exterior, comenzamos a ser honestos y a conectar con la realidad, abriendo la posibilidad a que pueda resolverse el problema en nosotros y crezcamos. En este caso, crecer significa que aquello que nos afectaba y nos hacía perder nuestro equilibrio y control, ahora ya no nos afecta, somos libres de generar una respuesta automática, ahora podemos controlar, manejar la situación positivamente si cabe, sin quedar afectados.

Una mujer había tenido seis relaciones de pareja que habían terminado fracasando, el tiempo medio de duración de las relaciones era sobre los dos años. Vino a buscar ayuda porque después de la última ruptura comenzó a razonar de forma diferente. En la primera decepción pensó: "He tenido mala suerte". En la segunda: "Siempre llueve sobre mojado". En la tercera: "Todo me pasa a mí". En la cuarta: "No quiero más relaciones de pareja". En la quinta: "Todos los hombres son iguales". Y en la sexta: "Creo que yo tengo un problema".

Comenzamos analizando el perfil de los hombres con los que había tenido relación, todos ellos tenían un denominador común: Tenían un carácter débil. Por el contrario, ella era una persona con mucho carácter e iniciativa. Lo que ocurría una y otra vez era que la misma característica que atraía a aquellos hombres, luego, les asfixiaba y acababan yéndose de su lado. Por otra parte, ella se sentía muy realizada al principio haciendo el rol de madre con su pareja: cuidando, controlando, guiando, corrigiendo... al final, este tipo de relación no podía satisfacer a nadie.

La atribución externa nos hace proyectar sobre otros nuestras inconsistencias. Aquellas cosas que no nos gustan de los demás tienen una relación directa con las que no nos gustan de nosotros mismos, por ello, siempre que acusamos a otro de algo, sin darnos cuenta, estamos poniendo de relieve una de nuestras miserias. En las relaciones humanas esto es de lo más común, nos resulta difícil liberarnos de la tendencia de mirar y juzgar al otro en función de cómo nos sentimos nosotros. Si alguien nos hace sentir bien, será una persona magnífica, en el caso contrario, le encontraremos motivos suficientes para descalificarlo justificando así nuestro fastidio. Siempre se presentará el momento en que nuestras expectativas con los demás se frustrarán y entonces aparecerá aquella parte de nosotros que no nos gusta.

En la proyección, la persona intenta protegerse de la ansiedad que le puede crear una situación embarazosa, atribuyendo incorrectamente a otro los sentimientos o pensamientos propios que le resultan inaceptables. Al hacerlo, provoca reacciones similares a las suyas en la otra parte y, comienzan de esta manera muchos de los conflictos que cuestan de superar en las relaciones.

Una madre no podía soportar el que su hija fuera lenta para vestirse y prepararse cuando tenía que ir a la escuela y siempre terminaban discutiendo. De igual manera le ocurría a su marido con ella los domingos por la mañana cuando querían ir a la iglesia.

Una adolescente menospreciaba mucho a su madre porque, según decía ella, no era como las otras madres de sus compañeras, todo lo que hacía lo encontraba mal. En realidad, la adolescente estaba un poco gruesa y se sentía acomplejada con sus amigas; cuanto más odiaba su cuerpo, más rechazaba a su madre.

En cierta ocasión estaba presenciando una discusión, una de las partes iba alzando la voz cada vez más, la otra parte, con voz moderada le pidió que se calmara y no gritara. La reacción fue la siguiente: "El único que estás gritando aquí eres tú". Naturalmente, se lo dijo gritando al que no gritaba.

Los sucedáneos del amor

Aunque un madero permanezca diez años en el agua, no se convertirá en caimán.

Proverbio africano

Todo aquello que viene a ocupar el lugar del Amor son sustitutos. Éstos pueden ser de lo más variados, desde conductas compensatorias, bienes materiales, actividades gratificantes, cualquier tipo de placer, adicciones, etc. Ninguno podrá llenar el vacío interior que deja la ausencia de amor, pero hacen la función de aliviar la ansiedad. Los sustitutos no benefician a la persona, más bien la perjudican, y demasiadas veces la destruyen, pero, en cualquier caso, desvían a la persona de la búsqueda del Amor impidiéndole alcanzarlo.

Nunca un sustituto del amor puede hacer realmente feliz a nadie, pero sí mantenerlo lo suficientemente ocupado en tratar de satisfacer su necesidad. Un sustituto tiene un efecto temporal, funciona hasta que pasa su efecto, y entonces la persona necesita seguir proporcionándose más de lo mismo, hasta llegar el momento en que la "dosis" de sustituto no sea suficiente para satisfacer la necesidad y entonces necesita aumentarla o cambiar a otro que le dé lo necesario para mantener el nivel de placer. En muchos casos llega el momento que la persona se desengaña y comprueba por sí misma que ningún sustituto podrá suplirle su carencia esencial.

Los sustitutos del amor nunca permiten vivir una vida plena. Ocurre algo parecido cuando una persona intenta que un tipo de relación sustituya a otra, por ejemplo, que el amor de los hijos sustituya al de pareja. Son áreas diferentes del ser humano y aunque amortigua el sentimiento de carencia no pueden cumplir la misma función. La sensación de plenitud se experimenta cuando la persona tiene armonía interior como resultado de la ausencia de conflictos emocionales y puede sentirse realizada con lo que hace, pero no por cubrir estos conflictos con sucedáneos que modifiquen los sentimientos de insatisfacción.

De los diferentes sucedáneos uno muy popular es la adicción a la comida. Ésta se desarrolla por razones que tienen que ver con la cantidad de amor que nos falta en nuestra vida. Si no nos han amado, comprendido y reconocido, intentamos adaptarnos a la situación rebajando nuestras expectativas, dejando de pedir lo que necesitamos y de mostrar dónde nos duele. Entonces, buscamos medios que nos proporcionen el consuelo y el placer negado, la comida cumple esta función.

Las personas que sustituyen amor por comida viven en una lucha constante entre tratar de controlar lo que comen y el alivio de la ansiedad que proporciona el comer. Nunca pueden vivir una vida libre y plena, ni siquiera son capaces de disfrutar de la comida, pues comen sin poder percibir ni disfrutar sus cualidades.

Así mismo ocurre con otros tipos de sucedáneos a los que la persona se hace adicto: como el trabajo, la compra compulsiva, el alcohol, el juego, la droga o Internet. Todos ellos ejercen una función ansiolítica pero a su vez privan a la persona de su autonomía para ver y avanzar más allá del círculo vicioso en el que se meten.

Una mujer casada con hijos se asombraba a sí misma de haber caído en la bulimia después de haber formado su familia, en principio no encontraba la razón que le había llevado a esa situación:

-No me falta de nada, tengo un buen trabajo, dos hijas preciosas y mi marido es muy bueno conmigo...

Siempre hay una causa y no suele ser orgánica para comer sin control. Cuando me interesé por sus padres ella cambió la expresión de su cara y me dijo lo siguiente:

-Mi padre no se ha portado bien con mi madre, siendo yo adolescente le fue infiel y ella sufrió mucho, yo tuve que estar a su lado para ayudarla a salir adelante, más tarde, estando yo casada, ella desarrolló un cáncer y sólo me tenía a mí para cuidarla, estuvo varios años conmigo hasta que murió... cuidé de ella como si fuera una de mis hijas...

Seguidamente le pregunté si había observado que después de la muerte de su madre había comenzado a fijarse en la comida y descontrolarse con ella.

Quedó un momento pensativa y afirmó con la cabeza...

-Es cierto, por las tardes me acordaba mucho de mi madre y comiendo experimentaba un alivio. De hecho, han pasado cuatro años y sigo acordándome de ella, pero la dependencia que tengo con la comida supera las demás cosas.

En su caso se habían invertido los papeles: la hija hizo de madre y la madre de hija. Ella no recibió el amor que necesitaba ni por parte del padre ni de la madre, cada uno estaba inmerso en sus problemas y no eran sensibles a lo que su hija necesitaba. Su sucedáneo del amor fue convertirse en madre de su madre para que, al cuidar amorosamente de ella como si fuera una niña indefensa, recibiera el reconocimiento y afecto que le faltaron. Este hecho tomó tal protagonismo en su vida que no le dejó disfrutar plenamente de su etapa de hija, ni de esposa, ni de madre de familia. En el momento que su madre faltó necesitó sustituir el vacío que dejó en su interior, pues, su vida giraba en torno a ella e inconscientemente lo hizo con la comida.

Los sustitutos del amor ciegan a la persona y no es capaz de reconocer el verdadero amor. La frontera entre amor y servilismo es muy estrecha y poco definida. Podemos pasar de uno al otro sin darnos cuenta. Mientras que el amor sería buscar el bien del otro, el servilismo sería, complacer al otro en lo que él puede hacer por sí mismo y no lo hace porque le es más cómodo. No hay que confundirlo con generosidad, que sería el acto de voluntad de hacer algo por alguien que va más allá del deber. Amar es hacer al otro mejor, cuando se le sirve y se le hace crecer, este servicio es amor, cuando sirviéndole no se desarrollan sus valores, entonces es servilismo.

El servilismo lleva a la persona a depender emocionalmente del objeto de sus sentimientos, en el cual, suele buscar inconscientemente al ser que le ha producido la carencia, generalmente alguno de sus padres.

Una persona que vive en el servilismo está convencida que ama más que nadie, y por otra parte, no puede dejar de comportarse como lo hace porque se sentiría culpable de hacerle mal al "ser amado". Se encuentra atrapada entre dos sentimientos que le impiden vivir su vida y está perjudicando al que ama.

En el fondo, el servilismo no es la entrega que produce el amor, sino más bien un egoísmo disfrazado, ya que la persona necesita esta entrega para sentirse bien primeramente ella. Es incapaz de permitir que su "ser amado" se enfrente a la vida, asuma las consecuencias de lo que hace y crezca para superar los retos que se le presentan.

Aunque lo dicho puede extenderse a cualquier tipo de relaciones, éste es el caso típico de aquella mujer que la relación con su padre no fue constructiva ni quedó bien resuelta. Al crecer, idealiza la figura masculina sirviéndole para recibir su afecto y reconocimiento, primero lo hace con el marido y luego añade al hijo. En su conciencia piensa que vive una historia de amor, pero, para cualquiera que observa desde fuera, muchas veces, más que a una esposa y madre, le parece ver a una sirvienta con atribuciones de ama de casa.

Todos los enemigos del amor descritos anteriormente, aunque no son los únicos, tienen la facultad de atentar, impedir, limitar, enfriar o confundir la capacidad de amar que todos tenemos. Por causa de ellos se malogran muchas buenas relaciones, otras no prosperan y, sobre todo, nos hacen perder una de las cosas más importantes de la vida: amar y ser amados.

Quizás después de haber llegado hasta aquí, la pregunta es: ¿Cómo podemos deshacernos de este bagaje negativo para que pueda fluir el amor a través de nosotros sin que nos afecten las miserias humanas que podamos encontrarnos? La respuesta a esta cuestión la abordaremos más delante de forma práctica, con la idea de proporcionar un medio para desarrollar un proceso de transformación personal a través del cual podamos convertirnos en canales del Amor.

4: La mejor opción

Al amar siempre se gana

Cuando se quiere dar amor hay un solo riesgo: el de recibirlo.

Molière

Uno puede tener la sensación de salir perdiendo cuando ama y no es correspondido, pero sólo es una sensación, la realidad es muy diferente: *al amar siempre se gana.* El primer beneficiado al amar es uno mismo, el segundo beneficiario será el amado si es capaz de recibir el amor y corresponder a él.

Una pareja pasó por problemas cuando a ella la destinaron como delegada en otra ciudad, la distancia contribuyó a que tomara la decisión de dejar a su marido, él seguía amándola aunque ella no estaba segura de sus sentimientos y decidió abrirse a conocer más gente. Durante dos años comenzó algunas relaciones que no acabaron cristalizando, tampoco terminó de poner en orden sus sentimientos y seguía tan desorientada como al principio. La empresa donde trabajaba volvió a pedirle que regresara a la sede central donde originalmente estaba y los dos volvieron a verse con frecuencia.

Cualquiera podría pensar que ella había sacado mayor provecho del tiempo que estuvieron separados ya que vivió nuevas experiencias, pero en realidad no fue así. Cada mañana durante aquel tiempo, él había pensado en ella y aunque sentía no tenerla a su lado, se recreaba en el amor que le tenía. La diferencia entre él y otros que pasando por una experiencia como la suya se deprimieron, fue que su atención no la centró en sí mismo como una víctima del abandono, sino en el amor que sentía por ella.

-Ese mismo amor me la devolvió –expresaba cuando compartía su experiencia en un grupo terapéutico de parejas–. Muchas veces sentí la tentación de compadecerme, pero en ese momento, comprobaba que perdía la esperanza y me venía abajo. En cambio no me he sentido infeliz porque he vivido en el amor; aunque ella no estaba, sí lo estaba el amor que sentía por ella y eso para mí fue suficiente.

En realidad podemos vivir con una persona y ésta representar una carga para nosotros, pero, cuando la amamos, se convierte en una experiencia fantástica. La persona puede seguir comportándose de la misma manera, pero es el amor que sentimos hacia ella lo que ha cambiado todas las cosas. Es lo que hay en nuestro interior lo que determina la forma en que vivimos cada situación.

Recibir amor es una gran experiencia, pero darlo, aún la supera. Cuando te sientes feliz por recibir amor dependes de la otra persona, tu felicidad es algo que le pertenece, se la debes a la persona que te hace sentir así. Pero si eres tú quien amas, sientes una felicidad aún mayor, y nadie puede impedirte seguir siendo feliz mientras no dejes de amar. Cuando das amor es precisamente cuando experimentas la sensación de plenitud, no tanto cuando lo recibes. Esto puede verse de forma clara en aquellas personas que sufren de baja autoestima, aunque estén siendo amadas, su vacío interior, sus sentimientos de inferioridad y demás conflictos no les permiten disfrutar plenamente de lo que reciben. En cambio, cuando estas personas tienen amor y lo transmiten, sí experimentan plenitud quedando todo lo demás en un segundo plano.

Al amar la energía afectiva fluye a través de ti y te convierte en un ser activo, no pasivo. Es parecido a ver como otros bailan o encontrarte bailando con ellos, en el primer caso, tus sentidos lo perciben, en el segundo, tu cuerpo vibra al ritmo de la música.

Una sencilla experiencia personal, que entiendo debe ser muy generalizada, puede ilustrar lo que se viene explicando. Al llegar las Navidades los miembros de las familias se hacen regalos mutuamente, es muy gratificante poder comprobar cómo los tuyos se acuerdan de ti y a los pies del árbol de Navidad se encuentra uno o más regalos con tu nombre; más emocionante aún cuando al descubrir el envoltorio contiene algo que deseabas, entonces sientes que los tuyos han hecho mucho más que cumplir con una tradición. Pero lo que realmente a mí me ha llenado siempre de felicidad, ha sido la alegría que experimentaban los míos cuando abrían los regalos que yo les había comprado. Nunca me hubiera dejado satisfecho ni lo hubiera disfrutado plenamente, si yo hubiera obtenido el mejor de los regalos mientras observaba el desencanto de cualquier miembro de mi familia al recibir el suyo.

En el amor, lo que no se da, se pierde. Este principio va contra la lógica popular, la cual tiende a buscar la equivalencia entre lo que se da y se recibe. Esto lleva a diferentes situaciones de bloqueo o deterioro en las relaciones. Una de ellas muy típica, se da cuando las dos partes se encuentran esperándose mutuamente para darse lo mejor de cada una. Algo parecido a lo siguiente:

–"Si ella fuera más cariñosa conmigo, yo le regalaría una caja de bombones" –dice él–.

–"Si me regalara una caja de bombones yo sería más cariñosa con él" –dice ella–.

Nadie toma la iniciativa de dar el primer paso porque teme salir perdiendo en la transacción. De esta manera la relación queda parada en cuanto a la expresión afectiva y por no correr el riesgo de no ser correspondidos como cada uno espera, se pierden una doble satisfacción: la de dar y la de recibir.

Cuando amas entregas, y cuando entregas ocurren varias cosas, una de ellas es la que sigue el principio universal del dar y recibir: *Lo que das recibes.* Así pues, cuanto más entregas, en condiciones normales, más recibes. Pero también, en el caso de que no recibas de acuerdo a lo que das, lo que dejas de dar no contribuye a que seas más feliz. Cuando dejas de dar un beso o un abrazo, una palabra de reconocimiento, unos minutos de atención, una generosa ayuda, o cualquier otra cosa que pueda hacer feliz a alguien, estás perdiendo preciosas oportunidades de enriquecer tu vida y la de los demás. Retener los actos de amor nunca ha hecho más feliz a nadie, más bien lo ha empobrecido como persona y a los que con él se relacionan, malgastando ocasiones que nunca más volverán.

Hay una ilustración muy interesante que puede extraerse de la observación de la hidrografía del Próximo Oriente: El río Jordán, que discurre por los estados del Líbano e Israel, está asociado a dos mares: el Mar de Galilea y el Mar Muerto. Estos dos mares, aunque reciben las aguas del mismo río son muy distintos: el primero está lleno de vida, en sus aguas hay peces y mucha vegetación y cultivos en sus orillas, en cambio, en el segundo, hay desolación y muerte. Hay una característica importante que los diferencia: el Mar de Galilea recibe el agua del río Jordán y la vuelve a entregar, el Mar Muerto la recibe pero no la entrega, sus aguas contienen diez veces más concentración de sal que los océanos.

De la misma forma ocurre en las relaciones de amor, hay quien recibe y da. Cuanto más recibe, más da y cuanto más da, se encuentra que más recibe, porque en su interior hay tanta vida como a su alrededor. Sin embargo hay otros que sólo reciben pero no dan, y nadie puede vivir allí, ni alimentarse, ni reproducirse, pues, su esencia vital ni se regenera ni puede ser útil para nadie.

Nunca el Mar de Galilea se ha quedado sin agua por dar lo que recibe, nunca ha dejado de generar vida, porque a través del río Jordán está conectado con las fuentes del monte Hermón y, ésta es la clave: estar conectado con la Fuente, entonces puedes dar sin temor.

Amar es conectar con Dios, la Fuente del Amor. Cuando uno ama ha abierto el canal por el que fluye el Amor, el Amor viene de Dios quien es su fuente absoluta. Estoy hablando del Amor, no de los amores que vienen y van, aunque no es muy fácil distinguirlos, pues, las imitaciones se parecen mucho al auténtico y pueden confundir a cualquiera. Donde se marca la diferencia de una manera más evidente es en las situaciones difíciles, en éstas, los amores no resisten y se desvanecen mostrando que había más de interés que de entrega. Nunca el que quiere de manera egoísta se encuentra recibiendo energía de la Fuente del Amor, lo que siente y le mueve es un impulso natural generado para satisfacer una necesidad anímica y, por supuesto, es algo entre el individuo y su medio, pero no entre la Fuente del Amor y el ser humano.

El amor que viene de Dios no puede verlo nuestros ojos, pero nuestro espíritu sí lo percibe, lo recibe, lo experimenta, se llena y la vida cambia como cuando llega el agua al sequedal. El amor es una energía que no se ve, pero sí sus efectos, es como el viento, en él hay una energía en movimiento que nuestros ojos no pueden ver, pero sí la podemos percibir y constatar como mueve un molino. Cuando el amor entra en las personas, éstas cambian, porque cambia lo que sienten en su interior, también su actitud ante la vida y sus relaciones. Más poderosa que la bomba atómica es el Amor, pues, puede convertir los enemigos en amigos, no importa si son mil o un millón, si el amor les alcanza su magia les transforma.

Un niño había crecido en un hogar donde se respiraba amor, compartía sus cosas con gusto, no se sentía amenazado y no tenía la necesidad de ser rebelde ni egoísta. Sus padres murieron en un accidente de automóvil y el niño fue acogido por sus tíos. Su nuevo hogar era muy diferente del original, aquí se gritaba, sus primos eran desobedientes y había castigos, cada uno iba tras su interés sin tener en cuenta a los demás, esto producía unas carencias de comunicación y de confianza lo suficientemente importantes para que no pudiera disfrutarse un clima de armonía familiar.

Los primeros días este niño se encontraba muy triste y desorientado, con frecuencia lo veían "observando desde fuera", no sabiendo como integrarse en aquella familia. Sus tíos hacían lo posible para que se sintiera como en su casa pero no era fácil, había tomado el rol del huésped.

Un día su tía le preguntó qué era lo que echaba de menos estando con ellos.

-Los abrazos y los besos de mi mamá y de mi papá. Aquí nadie se abraza ni se besa ni os decís que os queréis, siempre discutís y os enfadáis... A veces pienso que si me abrazaras y yo cerrara los ojos, podría sentir lo mismo que cuando estaba con mi mamá...

Alguien que había conocido el amor como aquel niño, era difícil que pudiera integrarse en otra familia donde el amor era el gran ausente.

Al hablar con la madre adoptiva (la tía del niño), le animé a dejarse guiar por el impulso afectivo del niño:

-Tal como el niño te indica, tú puedes ser la representante de su madre y seguirle dando todo el amor que él necesita. Abrázalo, y en este momento, imagínate y cree que estás recibiendo el amor de Dios sobre ti para este niño, deja que fluya a través de ti y, continúa así hasta ver la reacción del niño.

Al cabo de algunas semanas volví a ver a esta mujer. La expresión de su cara me mostraba que algo bueno había ocurrido.

-Le puedo asegurar —me dijo—, que si alguien me cuenta una experiencia como la que yo estoy viviendo estos días, muy posiblemente no me la creería.

Comencé a hacer lo que usted me dijo con mi sobrino y, después de algunos intentos, se quedaba por largos ratos abrazado a mí mientras estábamos en el sofá.

Un día empezó a llamarme mamá porque decía que yo le daba el mismo "calorcito" que ella y, realmente, yo experimentaba que a través mío algo bueno se transmitía hacia él. Pero eso sólo fue el principio, pronto vinieron mis dos hijos a que también les abrazara, y desde entonces, estoy comprobando como nuestra relación está mejorando mucho. Mi casa está cambiando desde que nos abrazamos.

En realidad, el cambio se produjo cuando a través de los abrazos se transmitió el Amor.

Dios llena tu vida cuando te dispones a amar. Aunque el Amor es una energía tan poderosa, en condiciones normales, no fluye a través de las personas en contra de su voluntad. La gran paradoja es que cuando una persona se abre a amar a otra con Amor, automáticamente, también el Amor comienza a fluir hacia esta persona dándole más de lo que ella entrega. Es semejante al hecho de conectar una lámpara eléctrica en tu casa, en el momento de hacerlo, la central eléctrica comienza a mandarte energía, si conectas más lámparas, la central te suministrará más energía. Puedes llenar toda tu casa de luz sin temor a que la central se agote. El principio a destacar, es que tu casa puede estar conectada con la central a través de la red eléctrica, pero, no fluye ninguna energía hasta que no pones en marcha la primera lámpara.

Muchos tienen la idea que el amar tiene que darse dentro de la concepción de lo que es equitativo: "No es justo que por amarte salga perdiendo". Al pensar de esta manera la persona que ama siempre está pendiente de la respuesta de la otra persona, la juzga y analiza si la transacción es equilibrada; de esta manera, se encuentra condicionada por lo que la otra haga, y nunca puede liberar su potencial afectivo. Esta concepción impide que el Amor pueda entrar en acción y haga fluir su energía, ya que esta idea no armoniza con su naturaleza; sería como hablar dos lenguajes distintos. Para poder recibir el Amor es necesario deshacerse de las condiciones, cada condición limita su fluir hasta hacerlo desaparecer.

En el caso del Amor, ocurre lo contrario de tu cuenta de ahorro: para que haya dinero debes depositarlo, cuanto más pongas, más sube el saldo. Sin embargo, amar es depositar en la cuenta de otro y, cuanto más entregas, más ingresan en la tuya para que puedas seguir haciéndolo. Muchas personas actúan en su vida como con la cuenta de ahorro, procurando engrosarla todo lo que puedan, pero Dios no acostumbra a acceder a estas cuentas, él sólo está pendiente de las cuentas corrientes, y sobre todo, de aquellas que hacen transferencias a las que se encuentran en números rojos.

Llegar a comprender y asimilar este principio del Amor cambia muchas vidas, pues, en general, las personas aman con un cierto egoísmo, y este egoísmo impide que el Amor fluya. Este tipo de amor se convierte en una trampa, en un lazo que lanzamos a quien amamos para que nos lo agradezcan, los apresamos un poco con su deuda. Lo confirma la frustración y la ira que sentimos cuando no se nos reconoce o agradece nuestro amor. Por eso también solemos ayudar mucho más fácilmente a quienes piensan o creen como nosotros que a los que nos son extraños o nos disgustan con su forma de ser.

Una tierna historia puede ayudar a comprender un poco más el alcance de lo que se viene expresando:

Una niña se aproximó al escaparate de una joyería y después de observar lo que había expuesto, entró en el establecimiento y pidió a su dueño que le enseñara un collar azul turquesa.

-Es para mi hermana. ¿Puede hacer un paquete bien bonito? –Comentó mientras el hombre la miraba con desconfianza–.

-¿Cuánto dinero tienes? –Le preguntó el joyero–.

Sin dudar, la niña sacó del bolsillo de su vestido un pañuelo atado con varios nudos y los fue deshaciendo. Al terminar, colocó sobre el mostrador las monedas que contenía.

-¿Esto alcanza? –Le dijo al joyero–.

El hombre la miraba atónito sin saber qué decir...

-¿Sabe?, quisiera dar este regalo a mi hermana mayor. Desde que murió nuestra madre, ella cuida de nosotros y no tiene tiempo para ella. Es su cumpleaños y estoy segura que se pondrá muy contenta con este collar que es del mismo color que sus ojos.

Después de escucharla, se fue para la trastienda, colocó el collar en un estuche, lo envolvió con un vistoso papel rojo y le hizo un lazo con una cinta verde.

-Toma –le dijo a la niña–, ve con cuidado.

Ella salió feliz, corriendo calle abajo.

A última hora del día, una joven entró en la tienda y colocó sobre el mostrador el envoltorio deshecho y le dijo al joyero:

-¿Este collar fue comprado aquí?

El hombre asintió con la cabeza.

-¿Cuánto costó?

-¡Ah! –dijo el dueño de la tienda–. El último precio en que vendo mis joyas siempre es confidencial.

-Pero mi hermana solamente tenía algunas monedas –exclamó ella–, y este collar parece auténtico.

El hombre tomó el estuche, rehizo el envoltorio con extremo cariño, colocó la cinta y lo devolvió a la joven y le dijo:

-Ella pagó el precio más alto que cualquier persona puede pagar: Dio todo lo que tenía.

El silencio llenó la pequeña tienda y dos lágrimas rodaron por las mejillas de la joven mientras sus manos volvían a tomar el regalo.

Cuando amas te sientes feliz siempre que sea con Amor genuino. Es algo que viene implícito en el acto de amar, entonces, tu felicidad no depende del reconocimiento o de la gratitud que te muestren por lo que tu has dado, ni corres el riesgo de decepcionarte en cualquier momento y sufrir el disgusto de la frustración al depender de los aciertos o desaciertos de los demás. Al sentirte feliz por el hecho de amar, puedes amar todo lo que quieras, nadie puede ponerte límite, ni en el tiempo, ni en la intensidad. Nadie tiene el control de tu corazón para impedirte amar de la forma que más desees, y cuanto más ames, más plenitud y felicidad sentirás. En esta tesitura dejas de ser vulnerable a las variaciones que los demás pueden hacer, puesto que tú te encuentras en el Amor, y el Amor es independiente de las miserias de los seres humanos.

Sólo tienes que observar a una madre lo feliz que es con su bebé, éste poco puede devolverle de todo lo que ella hace por él, pero ella no necesita más que tomarlo en sus brazos para sentirse la mujer más afortunada del mundo. Es el amor que siente por su hijo lo que le llena y no lo que recibe de él. Su relación con su hijo es de una constante entrega, pero lo considera un privilegio. Tanto si llora como si sonríe ella está a su lado para atenderlo, no importa lo que haga el bebé, cada día que pase, ella sentirá más amor por él.

Alguien podría decir aquí que este tipo de amor no puede compararse con un amor horizontal: entre dos adultos. Por supuesto que las posiciones pueden ser muy diferentes. Mientras el primero se mueve en la dependencia absoluta, el segundo puede moverse en la interdependencia o en la independencia, pero eso sólo afecta a las características del tipo de amor y no a su esencia. Cualquiera que tiene en su interior la presencia del Amor, puede amar incondicionalmente, siempre que se centre en el Amor y no en lo que debería recibir del que ama.

El amor transforma

> Pon amor donde no hay amor, y sacarás amor.
>
> **San Juan de la Cruz.**

De la misma manera que ocurre con el odio, el amor transforma a las personas, la diferencia es que el odio las convierte en verdaderos monstruos y el amor en ángeles. Una misma persona puede pasar del uno al otro en muy poco tiempo, todo depende del "resorte" que sea activado, su apariencia experimentará una auténtica transformación sin necesidad de que intervenga un caracterizador profesional y, así mismo, los sentimientos que despierte en los demás también cambiarán. Pero esto ocurre siempre que el Amor no ha hecho cambios profundos en la persona, lo suficientemente profundos como para que ésta no cambie sus sentimientos dependiendo de las circunstancias. La diferencia es que los amores transforman las conductas de las personas de forma temporal, mientras éstas experimentan su influencia. Sin embargo, la acción del Amor transforma la esencia del alma de tal manera que la persona puede vivir con plenitud, independientemente de las otras personas y de las situaciones.

El amor transforma cuando se le permite que ejerza su acción. Es como el jabón, si no se aplica no limpia, aunque sea el mejor jabón del mercado es necesario que se disuelva entre la suciedad, y la libere de donde se encuentra adherida. El Amor transforma cuando un corazón se abre a recibirlo y permite que en su interior vaya alcanzando cada rincón oscuro ocupado por emociones negativas. Muchas personas piensan que el cambio esencial llegará por realizar firmes propósitos y esfuerzos continuados, pero toda esta acción sólo actúa sobre el nivel intelectual del ser y no tanto sobre el anímico. Las emociones que se encuentran enquistadas en el inconsciente lo seguirán estando; los esfuerzos no las liberan, más bien pueden reforzarlas.

Éste es el caso de un matrimonio que por más de diez años sufría un desencuentro cíclico, su relación era satisfactoria durante unas semanas, pero, progresivamente los dos se iban distanciando hasta llegar a un punto en que se encontraban cerrados el uno al otro sin saber por qué. Al llegar a esta situación, solían tener una fuerte discusión donde desencadenaban su frustración, seguidamente se reconciliaban y volvían a comenzar el ciclo. En los primeros años lo iban superando bastante bien con la esperanza de mejorar conforme pasara el tiempo, recibieron consejos de todo tipo para estabilizar su relación, trabajaron individualmente y en grupo para realizar cambios pero seguían igual, sus intenciones y compromisos eran sinceros pero, con el paso de los años, los sentimientos mutuos fueron debilitándose.

¿Se amaban? Sí, de lo contrario quizás no hubieran aguantado durante tanto tiempo, pero la cuestión es que el Amor no había transformado el interior de cada uno lo suficiente como para resolver la situación en que se encontraban. Es cierto que una de las partes era la que se cerraba, pero la otra, respondía de acuerdo a lo que recibía y, de este modo, los dos contribuían a reforzar el problema.

Hay una diferencia importante entre amar a una persona, y dejar que el Amor entre en el fondo del ser y lo renueve. Son dos aspectos diferentes del amor. Si una persona sólo ama a otra, su experiencia y su comportamiento siempre estará en función de lo que la otra haga, pero cuando la misma persona además se nutre del Amor permitiendo que alcance todo su ser interior, su experiencia y comportamiento se vuelven estables independientemente de la actuación de la persona amada.

Nutrirse de amor significa recibirlo primero para poder compartirlo más tarde, sería como llenar el depósito del coche de gasolina para luego poder circular. Lo habitual es comenzar el día y relacionarse sin haber tomado conciencia de sanar y llenar nuestro interior con amor; de esta manera, nos volvemos dependientes de lo externo para sentirnos bien, pues, es difícil dar amor consistentemente neutralizando los cambios y las acciones de los demás, cuando antes la persona no se ha llenado individualmente.

Cuando esta pareja aprendieron a dedicar un tiempo diario a nutrirse del Amor, su relación experimentó un cambio que les sorprendió. Cualquier cosa que ocurriera en la convivencia era neutralizada en 24 horas, podían darse mutuamente el amor que cada uno recibía al buscar la presencia del Amor y llenarse de él, era como comer pan recién hecho, y por supuesto, su relación dejó de ser cíclica; ahora los buenos momentos podían ser estables.

El amor transforma porque tiene el poder para hacerlo. De forma semejante a como las plantas toman la energía solar y la transforman en energía química mediante el proceso de la fotosíntesis, las personas cuando reciben el Amor generan un proceso de transformación interior que no suele ser consciente ni voluntario, pero sí se experimenta como una nueva energía que afecta positivamente a la vitalidad, a la percepción, a los sentimientos y al comportamiento. Entonces, la persona que se encuentra bajo la influencia del Amor, necesariamente termina amando aunque antes odiara, se vuelve sensible y empática donde era indiferente, armoniza consigo misma y con lo que le rodea y, todo lo que dice y hace lleva el sello del amor aunque esté dirigido a personas que no pertenezcan a su intimidad.

El Amor tiene el poder de transformar porque no pertenece a la misma naturaleza anímica de la persona, es una energía diferente que genera un nuevo nivel de resonancia dentro del ser humano. Al amar con la energía del Amor es algo que se canaliza, pues lo recibe y lo entrega pero no es su amor, generado por lo que el ambiente ha despertado en él.

Puede tener cierta dificultad entender esto, ya que mucha gente habla del Amor y cree que ama con la acción del Amor pero la práctica demuestra que no es así. La energía del Amor no es manipulable, ni puede hacerse servir para intereses particulares, sencillamente se esfuma cuando alguien intenta utilizarla, en cambio, los amores si satisfacen muchos intereses personales. Al ser así, las personas entran en sus relaciones en un juego de transacción interdependiente aunque estén inmersas en los sentimientos afectivos. Pero cuando se trata del Amor, no es posible este tipo de intercambios, pues, si está su presencia, ésta determina cómo son las cosas.

Una mujer joven me decía que no podía mostrarse amable con su padre, pues, cuando se encontraba con él, venía a su mente lo duro que había sido con ella. Cualquiera podría considerar aquí que el comportamiento de la hija es lógico y natural, pero, si ella se abre a recibir el Amor, éste es independiente de lo que el padre ha hecho con ella. Por tanto, su acción no estará condicionada a la experiencia del pasado. Sólo se trata de recibirlo y canalizarlo hacia el padre, lo cual, permitirá mejorar su relación. Si, además, deja entrar al Amor en cada experiencia negativa con presencia en su memoria, la transformación se convierte en integral, permitiendo que padre e hija puedan disfrutar de una nueva relación a pesar de los errores cometidos en el pasado.

Otro de los aspectos que validan el Amor como energía transformadora es su dimensión espiritual, la cual, trasciende los lenguajes, las acciones, la distancia y cualquier otro posible condicionante que pudiera impedir la acción de otro tipo de energía. El Amor llega al corazón del ser humano sin necesitar la intervención de ninguno de los canales convencionales, y puede transmitirse de un corazón a otro con independencia de ellos. Cuando alcanza un corazón, alcanza lo más esencial de la persona, y desde ahí, va renovando las demás estructuras del ser.

Un ejemplo en este sentido es el de un hombre de unos cincuenta años que sufrió un estado depresivo a causa de la amargura que le produjo el sentirse abandonado por su familia. La esposa le dejó y con ella se fueron sus dos hijos, aunque él intentó seguir manteniendo una buena relación con ellos, pronto se distanciaron también de él. La soledad pudo más que sus buenas intenciones de superar la situación, y progresivamente fue perdiendo su ánimo para vivir.

Cuando decidió buscar ayuda, estaba muy dispuesto a hacer lo que se le indicara, pues deseaba volver a encontrar sentido a su vida. El objetivo que se estableció fue volver a experimentar amor, ya que la amargura lo había hecho desaparecer. Así pues, se le enseñó a recibirlo, no de su familia que al parecer lo ignoraban, sino de Dios mismo, que consideramos la Fuente del Amor.

Al principio, aunque buscaba su presencia de forma regular, le costaba sentirlo, pero él seguía diariamente enfrentando su amargura al Amor y así permanecía durante unos minutos hasta que aquella iba disolviéndose. Progresivamente, fue confesando que cuando pensaba en su familia tenía una mayor aceptación de la situación y comenzaba a sentir paz interior. Por otra parte, estaba saliendo del estado depresivo y mostrando nuevas ganas de vivir.

Vino el momento en que él apareció en la consulta con una cara radiante, le pregunté si había un motivo especial para ello.

-Ninguno especial, sin embargo, tengo mil motivos para vivir con gratitud.

-Ahora es el momento de proyectar a tu familia este amor que sientes –le dije–.

-Ya lo estoy haciendo sin que nadie me lo diga –y añadió–, me ha ocurrido un fenómeno curioso. Yo vine para salvar mi vida pues aquella depresión me hubiera llevado a arruinarla y casi a perderla. Al buscar la presencia del Amor y abrirme a él, todo ha ido cambiando, he dejado de sentirme como un trapo; odiaba la vida y ahora la amo, y actualmente, cuando me expongo a la presencia del Amor, lo que recibo lo hago llegar a mi familia. Nadie me lo ha tenido que decir, es algo que he deseado hacer y me siento muy bien haciéndolo.

Pasados unos meses me llamó y me informó que su ex esposa estaba conviviendo con otro hombre, pero con sus hijos tenía una magnífica relación.

-Ahora les puedo dar algo de mucho valor, antes eran lamentaciones y quejas. Pasamos tiempo juntos y compartimos cosas que nunca me hubiera imaginado. Por otra parte, su madre ha dejado de hablarme con desprecio y tenemos un trato amistoso.

El Amor es patrimonio de todos, podemos vivir indiferentes a él, alejarnos o acercarnos, pero él siempre se encuentra ahí, como lo está el Sol, dispuesto a iluminar y regalar sus beneficios a quien tenga el deseo de recibirlos. Podemos hablar del Sol como del Amor, y expresarnos a favor o en contra, pero eso no nos llevará a ninguna parte. La vida sigue porque recibe del Sol su luz y su calor. De igual manera, puede disfrutarse de una vida plena al recibir el Amor y se le permite que la inunde.

El amor se propaga

> El amor es como el fuego, que si no se comunica se apaga.
> **Giovanni Papini**

El fuego se apaga o se propaga dependiendo de si tiene o no a su alcance materia combustible, lo contrario que ocurre con el agua que puede almacenarse y permanecer el tiempo que convenga sin consumir nada. El amor es semejante al fuego, si no está activo desaparece, en sí mismo es energía en acción. Nadie puede pensar que va a recibir el Amor, llenarse de él y guardarlo para sí mismo con la intención de garantizarse una vida feliz. Esto no es posible.

La persona que cree ser feliz porque ha alcanzado el Amor y no está amando, es que aún no lo ha conocido. El Amor no puede retenerse ni esconderse, allí donde se encuentra está en acción. La persona que recibe el Amor deja de mirarse a sí misma, pues, en sus ojos hay Amor y este Amor, le hace sensible a lo que sienten y necesitan los demás. Es algo natural que se despierta en su interior, no es necesario que nadie se lo diga, ni tampoco lo experimenta como una obligación impuesta, es la acción del Amor.

Cuando una persona comienza a amar con el Amor, es algo que va desarrollándose por sí mismo y cada vez da más porque recibe más, pero ocurre otro fenómeno muy interesante: el Amor se propaga cada vez que alcanza un corazón que se abre, es el material que necesita para seguir en acción y extenderse.

Alguien explicaba que tuvo un sueño sobre el cielo y el infierno. En este sueño veía que tanto uno como el otro eran dos lugares semejantes: Había una larga mesa en la que no faltaba ningún tipo de manjar, en cada una de ellas se encontraban sentados todos las personas según el destino que habían merecido. En la mesa del cielo podía observarse como todos estaban con mucha alegría disfrutando del banquete, en cambio, en el infierno, todos lloraban de rabia, gritaban, maldecían y se desesperaban porque tenían una gran hambre y no podían comer de lo que tenían delante.

La cuestión era que tanto en el cielo como en el infierno había un requisito para poder disfrutar de lo que había en la mesa: les habían dado a cada comensal una cuchara cuyo mango medía un metro de longitud y, era obligatorio cogerlo por su extremo. Al hacerlo de esta forma, era imposible que el comensal pudiera llegar con la comida recogida con la cuchara a su boca.

¿Cuál era el secreto para que una mesa fuera el cielo y otra el infierno? Muy sencillo, la mesa del cielo se daban la comida unos a otros con mucho amor y cuidado, en cambio, en la del infierno, todos intentaban comer por sí mismos hasta enloquecer.

El "secreto" para poder disfrutar del festín se desveló en el momento en que uno fue sensible a la necesidad del otro y quiso ayudarlo con su propia cuchara. Seguidamente, el que comenzó a recibir la comida hizo lo mismo con el que tenía enfrente y a los pocos momentos, todos disfrutaban de la comida.

Cuando uno deja de mirarse a sí mismo, se da cuenta que lo más inteligente que puede hacer es amar y, cuanto más ama desinteresadamente, más bien recibe. Ésta es la ley del Amor. Es el descubrimiento que la persona realiza cuando es alcanzada por el

Amor, conoce una nueva experiencia de vida; su ser vibra con una frecuencia diferente a la que acostumbraba, y ésta provoca nuevas respuestas en las otras personas.

El Amor se propaga cuando es auténtico, si es interesado, ya no es Amor, y lo que se propaga entonces es el interés. En cambio, cuando es auténtico la disposición inicial de compartirlo va reproduciéndose sistemáticamente en aquellos que lo reciben, y así va propagándose.

Hace algún tiempo leí la biografía de un misionero que contribuyó con su dedicación a construir escuelas y hospitales en un país del tercer mundo. Cuando era niño vivía en la pobreza porque su padre había muerto, su madre debía trabajar y cuidar de él y de sus hermanos más pequeños. Muchos días llevaba a la escuela un trozo de pan duro para comer; otros, decía que ya había comido para no llamar la atención cuando alguien le preguntaba, a menudo se retiraba de sus compañeros para que no le viesen lo que comía, pues alguna vez se habían reído de él. Un día, uno de los niños de otra clase se acercó a él y, al verlo en la situación que se encontraba le compartió su comida. Al llegar a casa se lo dijo a su madre y ésta, a partir de aquel día preparaba comida para los dos.

Lo que sigue en la biografía es muy interesante, pero lo que me llamó la atención es el reconocimiento que su autor hace de esta experiencia, la cual, despertó en él una sensibilidad por los más necesitados, desarrollando más tarde la vocación a la que entregó su vida.

En cierta ocasión le preguntaron a Ramesh, uno de los maestros de la India:

-¿Por qué existen personas que salen fácilmente de los problemas más complicados, mientras que otras sufren por problemas muy pequeños, muriendo ahogadas en un vaso de agua?

Él simplemente sonrió y contó esta historia:

-Un hombre vivió amorosamente toda su vida. Cuando murió, todo el mundo dijo que se iría al cielo. Una persona tan bondadosa como él solamente podría ir al Paraíso. Ir al cielo no era tan importante para aquel hombre, pero fue para allá.

En esa época, el Cielo todavía no había tenido un programa de calidad total. La recepción no funcionaba muy bien, la chica que lo recibió dio una mirada rápida a las fichas que tenía sobre el mostrador, y como no vio su nombre en la lista, lo orientó para ir al Infierno.

En el Infierno, podemos suponer cómo es. Nadie exige credencial o invitación, cualquiera que llega es invitado a entrar. Este hombre entró allí y no protestó. Algunos días después, Lucifer llegó furioso a las puertas del Paraíso para pedirle explicaciones a San Pedro:

–¡Esto es sabotaje! ¡Nunca imaginé que fueses capaz de una bajeza semejante. Eso que haces es puro terrorismo!

Sin saber el motivo de tanta furia, San Pedro le preguntó sorprendido de qué se trataba. Lucifer, trastornado, gritó:

–Tú mandaste a ese hombre al Infierno y él está haciendo un verdadero desastre allí. El llegó escuchando a las personas, mirándolas a los ojos, conversando con ellas. Ahora, está todo el mundo dialogando, abrazándose, besándose. ¡El Infierno está insoportable, parece el Paraíso!

Haz el favor de tomar a ese sujeto y llevártelo contigo.

Cuando Ramesh terminó de contar esta historia le miró cariñosamente y dijo:

–Vive con tanto amor en el corazón, que si por error, fueses a parar al Infierno, el propio demonio te lleve de vuelta al Paraíso.

5: Definiendo amar

Amor y amar

> Nadie ha visto jamás a Dios, pero si nos amamos los unos a los otros, Dios está en nosotros y su amor se manifiesta plenamente.
>
> **Apóstol Juan**

En su sentido más auténtico, amar es la consecuencia de la presencia del Amor.

Muchos pueden pensar que poseyendo más conocimiento se manejarán mejor en el ámbito afectivo, espiritual o de las relaciones humanas, pero la experiencia demuestra que esto no es así. Tampoco es necesario hacer costosos sacrificios para agradar a los demás o para cumplir preceptos con la pretensión de dignificar la propia vida. No hay que cargarse innecesariamente con cosas que pueden relacionarse con el Amor, pero que en sí mismas no son el Amor.

Para poder llenarse del Amor auténtico, sólo hay que creer que el Amor viene de Dios y abrir el corazón a su presencia, entonces, como consecuencia natural, es cuando se experimenta el Amor. La persona que experimenta el Amor en su interior, lo comparte con los demás y, al hacerlo, juntos sienten la presencia de Dios.

Si el objetivo es amar, es fácil. Si los objetivos son otros, aunque los sentimientos de afecto se encuentren entremezclados entre ellos, las relaciones se vuelven complicadas. A la mayoría de la gente le cuesta admitir que en sus relaciones el principal objetivo no es amar, sino, sus particulares intereses, los cuales, son los que acabarán determinando los sentimientos que experimentarán en la convivencia con los demás.

Una niña preguntó a su maestra sobre el amor, ésta pensó que sería interesante hacer un ejercicio colectivo para que los demás niños y niñas de su clase también asimilaran el concepto. Así pues, la maestra invitó a sus alumnos a que recorrieran el espacio abierto de la escuela y trajesen lo que más despertase en ellos el sentimiento del amor.

Todos salieron corriendo a buscar la imagen del amor y estuvieron yendo de un lugar a otro hasta que terminó el tiempo del recreo. Al reunirse de nuevo en la clase, la maestra les pidió que cada uno mostrase lo que traía.

-Yo he traído esta flor −dijo el primero−, es lo más bello que he visto.

-Yo pude atrapar esta mariposa −dijo el segundo−, quedé enamorado de ella cuando la vi moverse entre las flores, me pasaría la vida mirándola.

-Yo vi un nido en el que habían varias crías de gorrión, tomé una y al acariciarla sentí mucha ternura, así que me la traje −dijo el tercero−.

Uno tras otro, todos los niños y niñas de la clase fueron enseñando a la maestra lo que habían escogido explicando sus razones. Terminando el desfile de iconos del amor, la maestra observó que una niña había quedado rezagada detrás del grupo un poco avergonzada, pues no había sido capaz de traer nada.

-¿No has encontrado alguna cosa que te inspirase el amor? −le preguntó la maestra−.

La niña, tímidamente contestó:

-Vi la flor y sentí su perfume, cuando pensé en arrancarla me sentí mal por acortarle la vida y la dejé. Después me fijé en la mariposa y me encantaron sus colores, su suavidad, su delicadeza, pero tampoco fui capaz de traérmela, pues, sentí que era feliz porque vivía en libertad. Seguí buscando y vi el pajarito y me acordé de su madre cuando volviera al nido y no lo encontrara, así que, tampoco me lo traje.

-¿Entonces?... −le preguntó la maestra−.

-Pues... sólo me he quedado con el perfume de la flor, la libertad de la mariposa y la alegría de la madre cuando volvió para alimentar a su cría... ¿Cómo puedo mostrarlo?

La maestra decidió darle el mayor reconocimiento por su sensibilidad y capacidad para captar la esencia del amor.

Es fácil amar cuando la persona no centra la atención en sus intereses, sino que abre el corazón al Amor, entonces es cuando es capaz de permitir su presencia y dejarlo fluir hacia lo que le rodea. Éste es el gran descubrimiento personal que puede cambiar cualquier vida. Una vez la persona ha conocido la presencia del Amor no tiene por qué privarse de ella, el Amor siempre va a estar ahí, y la persona podrá vivir cualquier circunstancia con su presencia. La cuestión radica en que las personas están orientadas a centrar la atención en su interacción con lo que les rodea y no en el Amor, por ello, a veces se sienten bien y otras mal. Por ejemplo, si una madre hace una petición a su hijo y éste no le responde como ella espera, su atención se centrará en la conducta del hijo, y se desviará de la presencia del Amor, posiblemente a partir de este momento se sentirá mal con el hijo y ya no le podrá mirar con amor, intentará hacer valer su voluntad sobre él y, mientras lo hace, si hay resistencia por parte del hijo, le gritará, le amenazará y posiblemente, acabe usando la violencia contra él. Más tarde, se extinguirán las emociones negativas y la madre volverá a sentir amor por el hijo, pero la oportunidad de vivir esta situación con la presencia del Amor se ha perdido. La causa es evidente, la madre desvió su atención de él y su conciencia se encontraba inmersa en el conflicto con su hijo generando emociones consecuentes con el problema pero no impulsadas por el Amor.

El hecho de enfrentarse a una mala conducta de un hijo, no implica que hemos de perder nuestra armonía interior, ni la consciencia de la presencia del Amor. Precisamente cuando seguimos en el Amor es cuando podemos manejar de la mejor manera cualquier situación.

¿Qué tipo de amor es el que viene y va dependiendo de lo que la persona amada hace o no hace? El Amor puede estar presente en el interior de la persona independientemente de lo que ocurra afuera. Es la persona la que se aparta de su presencia cuando se deja llevar por sus emociones.

Cuando un hijo que realiza una mala conducta está percibiendo la presencia del Amor en su madre a pesar de su comportamiento, su actitud negativa lejos de reforzarse se suaviza y su corazón se abre a recibir lo que necesita colaborando con la situación.

Nadie entienda que estoy sugiriendo que los padres han de permitir a sus hijos que hagan lo que les parezca porque lo importante es que el Amor no pierda su presencia. Si fuera así, lo que señalamos como Amor no sería tal, sino más bien irresponsabilidad.

El objetivo es amar en cualquier situación, y para que esto sea una realidad, se requiere que la presencia del Amor sea consciente en todo momento. De lo contrario, no es el Amor quien controla las conductas de las personas.

"Yo amo a mi hija con locura", me decía una madre, pero delante de mí discutía con ella y la amenazaba y su cara no reflejaba el amor que decía sentir hacia ella.

Captar el mensaje de la historia es descubrir lo que significa vivir en la presencia del Amor. El Amor no hace víctimas, cuando una persona en nombre del amor está poseyendo algo o a alguien, está haciendo una víctima y esto ya no es amar como consecuencia de la presencia del Amor. Sería otra cosa que le podemos llamar amor porque nos hace sentir de forma semejante.

La máxima citada anteriormente: "Ámame cuando menos me lo merezca porque será cuando más lo necesite", sólo puede hacerse realidad cuando el Amor se encuentra presente y la persona tiene conciencia de él, en estos momentos más que en otros, es cuando se puede percibir la presencia de Dios en los seres humanos a través de la acción del Amor.

Amor natural y amor espiritual

A un gran corazón, ninguna ingratitud lo cierra, ninguna indiferencia lo cansa.

Leon Tolstoi.

Cuando se comprenden estos dos conceptos y saben reconocerse, es cuando empiezan a entenderse muchas de las cosas que ocurren en nosotros y en nuestras relaciones.

Amor natural y amor espiritual son dos cosas distintas, la confusión viene porque se experimentan y se expresan a través de los sentimientos y, en condiciones favorables, pueden presentar una apariencia similar.

A lo largo de lo que anteriormente se ha ido exponiendo, siempre se ha hecho una diferencia entre el Amor y los amores, dando a entender que son dos energías de distinta naturaleza y, por ello, provinentes de diferente fuente, con diferente capacidad de influencia y acción, así como de trascendencia.

Es cierto que hay distintas formas de amar, pero de entre ellas, unas serán diferentes manifestaciones de la acción del Amor y otras no. Para ser una manifestación del Amor requiere llevar su esencia implícita, de lo contrario es un amor natural.

Los amores naturales son energías que se generan de las necesidades anímicas de las personas y por tanto, se encuentran supeditados a los movimientos propios del alma.

Ésta sería una de las diferencias esenciales entre el Amor como naturaleza de Dios y el amor como naturaleza humana, pues, el primero *fluye del Creador a sus criaturas y el segundo, se genera en la misma criatura para su propio beneficio*, aunque alcance a otros semejantes y pueda temporalmente hacerle bien. Un amor es facultad de un ser humano, él lo crea y él lo extingue, tiene sus razones para una cosa y para la otra, pero, el Amor, nadie puede crearlo ni extinguirlo, sólo puede recibirse o rechazarse y, en el caso de ser recibido, sólo puede canalizarse.

Cualquier amor de naturaleza humana suele ser un sentimiento contaminado con los intereses y las carencias propias del ego, por tanto, su orientación y fuerza están condicionadas, no así el amor espiritual, que es independiente de las personas, de su experiencia y sus vicisitudes, por lo cual, su fuerza y orientación son universales.

Una vez alguien me dijo que debía esforzarse mucho para amar a determinada persona, en este caso, estaba intentándolo amar con amor natural aunque él afirmara lo contrario, pues, el amor espiritual no se transmite por el esfuerzo propio. Y lo más probable es que de continuar la situación de esfuerzo, el amor que le entregaba acabara extinguiéndose por agotamiento.

El cauce del río no empuja el agua, sólo debe permitir su paso, si el cauce se encuentra lo suficientemente despejado de obstáculos, es suficiente para que el agua fluya a través de él. Es la fuerza de la gravedad la que mueve el agua río abajo, el agua y la fuerza de la gravedad aunque se manifiestan en un determinado río, no son particulares de éste, se manifiestan en todos los ríos del mundo que no están secos o atorados, son elementos universales.

Jesús enseñó que cuando la presencia de Dios está en el corazón del ser humano, de su interior fluye la energía del Amor como si fueran ríos de agua viva. Para vivir esta realidad no es necesario llenarse de nada, ni aprender complicados conocimientos, más bien hay que desaprender creencias, prejuicios y vaciarse de toda la carga superflua que llevamos a cuestas. Como decía Lao-Tse: "El valor de una taza está en su vacuidad. Cuando queremos echar más té en una taza llena, el líquido se desborda y se derrama inservible sobre la mesa". Vaciarse de lo inútil es la clave.

Otra de las diferencias esenciales del amor espiritual respecto al natural, es que el primero *nunca puede perjudicar a nadie y se experimenta con alegría interior a pesar de las circunstancias*, en cambio, los amores naturales, o sacan un beneficio mutuo, o se satisface una parte a costa de la otra, o las relaciones se rompen por el mismo motivo que han empezado.

Una de las descripciones más conocidas universalmente del amor espiritual es la que hizo el apóstol Pablo en una de sus cartas:

"El amor es paciente, es bondadoso, no es envidioso, ni se cree más que nadie, ni es orgulloso. No es grosero, no es egoísta, no se enoja ni guarda rencor. El amor no se deleita en la injusticia sino que se regocija con la verdad. Todo lo soporta sin desánimo, no desconfía de nada, no pierde la esperanza y soporta toda adversidad. El amor jamás se extingue".

Al hacer el seguimiento de estas cualidades no se encuentra ninguna imposición ni exigencia, pues, para Pablo, el amor consta de dos factores fundamentales: *La aceptación del otro y la entrega de lo que uno es.*

La acción del Amor sobre la persona extrae lo mejor de ella en cualquier circunstancia, sencillamente porque es la acción del Amor y no de la persona que reacciona ante la situación.

En uno de los típicos conflictos entre parejas, el hombre me explicaba lo que había decidido hacer respecto a su compañera, pues, se encontraba dolido con ella por su comportamiento.

-Voy a estar unos días sin hablarle cada vez que ella desahogue su ira conmigo.

-Bien –le dije–, ¿cuál es tu objetivo al cortar la comunicación con ella?

-Pues... –quedó un momento pensativo–, primero que se dé cuenta del daño que me hace; segundo, que yo también puedo ser duro con ella; tercero, debe aprender a comportarse de otra forma; cuarto, creo que también es una cuestión de dignidad.

-Por lo que me dices, en esta situación tu objetivo no es mostrarle tu amor.

Me miró por unos momentos mientras guardaba silencio, y luego respondió con un tono de voz más bajo.

-No había pensado en eso... creo que mi objetivo es defenderme.

-¿Has pensado cómo se siente ella cuando desahoga su ira contigo?

-No, sólo puedo pensar en cómo me siento yo.

Le hablé de conectar con la presencia del Amor en este tipo de situaciones y quedamos para vernos en otra ocasión.

Pasadas unas semanas, volvimos a vernos y le pregunté por el estado de la relación.

-La verdad es que estoy sorprendido, algo debe ver en mí diferente cuando se enfada que le hace cambiar su actitud. La última vez, empezó a gritarme y yo hice lo que me enseñó: conecté con la presencia del Amor, a los pocos momentos se fue a la habitación y se tendió en la cama llorando y liberando allí su rabia. Yo fui detrás de ella y esperé a que se calmara sin moverme de su lado, la acaricié y sin decirnos nada nos abrazamos. Luego, me dio las gracias y desde entonces lleva unos días muy cariñosa conmigo.

Ésta es la magia del Amor: La persona que tiene su presencia puede enfrentar las situaciones difíciles sin resultar dañada, suaviza y calma las reacciones impulsivas del interlocutor, desarrolla la sensibilidad y la empatía hacia el que se comporta mal pudiendo ver su sufrimiento interior, lleva a la reflexión, sana las heridas, genera sentimientos y respuestas similares en la otra parte.

Una diferencia más entre el amor espiritual y el natural se encuentra *en la cualidad y efecto de la energía del amor.* Las personas que aman con amor natural, sienten y transmiten un determinado tipo de energía que a su vez, produce unos efectos en las personas que lo reciben. Si es un amor egoísta, generalmente también producirá en la otra parte, a corto o medio plazo, un tipo de amor similar. Pero en el caso del Amor, cuando entra y establece su presencia en una persona, ésta empieza a emitir una nueva energía y la comunica a otros que, al ser alcanzados por él, muy posiblemente también reaccionen de manera distinta a como lo hubieran hecho respecto a un amor natural.

En nuestro mundo todo está compuesto de energía, diferentes manifestaciones de energía, pero al fin de cuentas: energía. La luz es energía, el sonido también y el ser humano o cualquier otra cosa que vemos, es energía. Cuando los científicos atomizan una molécula y lo siguen haciendo con los átomos y sus componentes, sólo encuentran concentraciones de energía estructuradas en un determinado orden.

A nivel anímico y espiritual también ocurre lo mismo: nuestros pensamientos, sentimientos, impulsos o cualquier otra fuerza interior que sintamos también es energía. Nuestros pensamientos amables tienen un tipo de energía diferente a los del odio y, por la misma razón, podemos hablar del amor espiritual y natural como dos energías diferentes.

Diversas investigaciones sobre las energías vitales han sido publicadas mostrando hechos muy interesantes. Por ejemplo, Peter Tompkins y Christopher Bird, autores del libro: *La vida secreta de las plantas*, constataron entre otras cosas, cómo afectan los sentimientos a las plantas. Dirigirse a ellas con amor u odio influye en su desarrollo y genera respuestas en los vegetales que pueden medirse con un polígrafo.

Por otra parte, el doctor Masaru Emoto, investigador japonés que ha dedicado su vida al conocimiento del agua, ha realizado un revolucionario descubrimiento cuyas conclusiones están avaladas por miles de microfotografías electrónicas que demuestran que los pensamientos, la voz y las emociones humanas pueden alterar la estructura molecular del agua. La importancia de este hallazgo radica en que el agua es el elemento que compone el 70% de nuestro cuerpo y de nuestro planeta. La información obtenida la ha publicado en varios libros, de los cuales, el último internacionalmente famoso es: *Mensajes del agua*. Masaru Emoto afirma: "Toda la información que alberga la estructura se hace visible cuando se fotografía una gota de agua en estado de congelación. En ese sentido, he comprobado que la más poderosa combinación de pensamientos en términos de capacidad de transformación y de sanación son amor y gratitud".

Hay personas que se llenan de energía positiva y otras de negativa, esta energía determina el tipo de experiencia que viven y el nivel de salud que disfruta el organismo, además, consciente o inconscientemente, esta energía es transmitida en las relaciones produciendo su efecto en los demás. Es necesario tener presente que las personas son emisores y receptores de energía que está asociada a la acción, lo cual, significa que los seres humanos siempre están "construyendo" o "destruyendo" algo en ellos mismos y en su medio.

Cuenta una historia que un día se juntaron los elementos atmosféricos para ver quién de ellos tenía mayor poder. Mientras discutían vieron pasar a un mendigo entrado en años que se cubría con un viejo abrigo. Algunos de los elementos atmosféricos propusieron que el mendigo podía ser un buen objetivo para probar cuál de los elementos era más poderoso. Así pues, todos estuvieron de acuerdo y ganaría el elemento que fuera capaz de quitarle el abrigo al mendigo.

El Viento tomó la iniciativa y comenzó a soplar con todas sus fuerzas, de tal forma que el mendigo cayó al suelo, pero cuanto más fuerte era el viento, más se agarraba a su abrigo el mendigo para no perderlo. Pasado un tiempo, el viento desistió y dejó paso a la lluvia, la cual vació agua a cántaros empapando al anciano de pies a cabeza, pero él, cuanto más agua caía más se escondía dentro de su abrigo.

Siguió el frío aunque no le hizo cambiar de abrigo, el granizo lo golpeó con todas sus fuerzas y sólo consiguió dejar al mendigo dolorido, la niebla también lo intentó haciéndose espesa como nunca antes, la nieve le congeló los pies, los rayos y los truenos no pasaron de asustarlo, pero... luego apareció el sol y poco a poco fue secando su abrigo, devolviendo el calor a sus pies e invitando al anciano a recuperar su dignidad. El anciano mendigo sonrío después de tanto luchar por su vida y no sólo se quitó el abrigo, sino también el resto de sus ropas para que se secaran y su cuerpo se vitalizara.

Cada tipo de energía tiene sus peculiaridades y produce unos efectos determinados coherentes con su naturaleza y acción. Por esta causa las personas se atraen y se repelen, armonizan y entran en conflicto unas con otras, muchas veces de manera aparentemente inexplicable, pues no siempre es el nivel consciente el que puede dar cuenta de las reacciones que las personas experimentan, es algo menos visible y que se mueve en un nivel más profundo, que cambia actitudes y activa conductas en sentido positivo o negativo.

Tres dimensiones del acto de amar

Muchas veces basta una palabra, una mirada, un gesto para llenar el corazón del que amamos.

Teresa de Calcuta.

Tratando de hacer más comprensivo el amor, podemos acercarnos a él considerando cada uno de sus componentes básicos, pero sin perder de vista que es su conjunto y su equilibrio lo que determinará la cualidad del amor. Cuando alguien dice que "quiere a su manera", posiblemente comienza a darse cuenta de que tiene dificultades para manejarse en alguno de los aspectos del amor y, por otra parte, no está muy dispuesto a resolver sus carencias.

En realidad el amor es una energía que se manifiesta a través de la persona, y como tal, potencia aquellos aspectos positivos de ella, pero a su vez, deja en evidencia los bloqueos emocionales que se encuentran ocultos en su inconsciente. De ahí viene que siendo una la esencia del amor, puedan observarse tantas diferencias entre los amores que comparten unos con otros. En el fondo, no son más que la combinación del perfil personal con los componentes del amor.

Vino a verme una mujer muy preocupada por su hermana menor, la cual, hacía pocos meses que se había casado. La cuestión era que pasaron un día juntas las dos familias y a ella se le había encogido el corazón al observar el tipo de relación que existía en la nueva pareja.

-¡Es un machista! –Me decía–. ¡Mi cuñado es un machista! Y mi hermana es su víctima.

-¿Tu hermana se ha quejado de su marido? –Le pregunté–.

-Mi hermana está ciega y no ve lo que su marido le está haciendo.

Al cabo de unos días me trajo a su hermana menor para que tuviera una entrevista con ella. Sin ningún objetivo preestablecido por mi parte, estuve hablando con la joven esposa de la nueva etapa de su vida. En todo momento dio muestras de sentirse plenamente feliz con su compañero, y tanto su valoración sobre su propia dignidad como la percepción que tenía de su marido eran totalmente opuestas a las que hacía su hermana mayor.

Lo que para una era hermoso y gratificante, para la otra era indigno y detestable. Así pues, en este caso no había que crear problemas que no existían y lo más inteligente era respetar la manera en que cada una concebía su relación amorosa.

Así pues, los puntos de referencia para determinar la calidad del amor no están del todo claros, pero sí están relacionados con la alegría de buscar el bien del otro.

El componente más práctico y visible del amor es la *solicitud*. Esta cualidad supone la atención eficaz hacia el otro en sus necesidades y deseos, ayudándolo, cuidándolo, considerándolo como alguien realmente importante con quien nos alegra ser serviciales. Fundamentalmente es hacer algo por una persona que ésta no puede hacer por sí misma o que le hace la vida más agradable.

Al leer esto algunos pueden disentir pensando que este comportamiento puede ser servil, pero si fuera así, ya no sería amor, sería uno de sus sucedáneos. De la solicitud entendida como el servicio por amor al servilismo, hay una diferencia como la que existe entre el amar y el querer. En la solicitud, el centro de interés es el otro y uno se entrega sin más por lo que aquel le significa como persona. En el servilismo, el centro de interés es uno mismo, y uno realiza este sacrificio a cambio de algo, aunque sea inconscientemente.

Hace algunos años, en los Juegos Paralímpicos celebrados en Seattle, nueve contendientes con deficiencias físicas o mentales se alistaron en el punto de arranque para la carrera de los 100 metros. Al sonido de la pistola, todos empezaron a correr, aunque un poco lentos, pero con ganas de llegar hasta el final. Uno de ellos tropezó cayendo y dando varios tumbos en el suelo comenzó a llorar.

Los otros ocho participantes, al oír llorar a su compañero, aflojaron la marcha y miraron hacía atrás. Entonces, para la sorpresa de los espectadores, todos regresaron para asistirle. Una niña con el Síndrome Down se agachó y besándole le dijo: "Esto te hará sentir bien." Entonces los nueve enlazaron sus brazos y caminaron todos juntos hasta la línea final.

En el estadio la gente conmovida aplaudió efusivamente por largo tiempo. Fue una olimpiada emocionante y reveladora de las capacidades positivas del ser humano.

Estos atletas paralímpicos tenían deficiencias en la mente pero no en el corazón, cuando vieron la necesidad de su competidor se olvidaron del trofeo y corrieron a ayudarle, éste es un ejemplo de la solicitud del amor.

El componente más distintivo del amor es el *afecto*, el cual, añade algo más a la relación. No sólo sirvo a alguien, sino que también quiero estar junto a él o a ella. Compartir mi tiempo y las cosas que son importantes para los dos. Es la energía que me atrae hacia esa persona y la saca del anonimato. Se experimenta como un sentimiento que llena el corazón y no necesita justificaciones porque se percibe como una sintonía personal y emocional con el otro.

En la práctica encontramos diferentes grados de afecto y, afecto que no sólo es afecto, sino que se encuentra mezclado con otras particulari-dades de la personalidad que le confieren su matiz diferencial.

Si en una relación familiar una de las partes es solícita pero no mani-fiesta el afecto hacia la otra, está tendrá la sensación de soledad o de ser ignorada por la primera.

El tipo de energía afectiva es la que da significado a cada relación, así pues, en una relación entre una madre y su hijo no hay el mismo tipo de afecto que lo puede haber entre esta misma mujer y su madre, o entre ella y su marido, o con su mejor amiga. Ella siente afecto por todas esas personas, pero no es el mismo afecto aunque la solicitud sí puede ser muy semejante.

Para darnos una mejor idea de las diferencias en los distintos tipos de afecto, transcribo una historia testimonio de una página Web dedicada a humanidades.

La madre, de 26 años de edad, se paró al lado de la cama de su hijito de 6 años, el cual, estaba muriendo de leucemia. Aunque su corazón se encontraba lleno de tristeza y angustia, mostró tener un fuerte sentimiento de determinación.

Como cualquier otra madre, deseaba que su hijo creciera y realizara sus sueños. Pero en este caso no iba a ser posible, aún así, ella tomó la mano del niño y le preguntó:

-Billy, ¿alguna vez has pensado en lo que te gustaría ser cuando crezcas?

-Mamá, siempre he soñado con ser un bombero.

La madre sonrió y dijo:

-Vamos a ver si podemos transformar ese sueño en realidad.

Más tarde, ese mismo día, ella fue al cuerpo de bomberos local, en la ciudad de Phoenix, Arizona, donde se encontró con un bombero de gran corazón, llamado Bob. Ella explicó la situación de su hijo, su último deseo, y le preguntó si sería posible dar una vuelta en el camión de bomberos con su hijito de seis años, alrededor de la manzana.

El bombero Bob dijo:

-Mire, ¡nosotros podemos hacer más que eso! Si tienes tu hijo listo, a las siete horas de la mañana, el próximo miércoles, nosotros lo haremos un bombero honorario por todo el día. ¡Él podrá venir al cuartel, comer con nosotros, salir para atender las llamadas de incendio! Y si nos das sus medidas, nosotros le conseguiremos un uniforme de verdad, con sombrero, con el emblema de nuestro batallón, un traje amarillo igual al que vestimos y también botas.

Tres días después, el bombero Bob fue a buscar al niño, lo vistió en su uniforme de bombero y lo escoltaron desde la cama del hospital hasta el camión de bomberos. Billy se sentó en la parte de atrás del camión, y lo llevaron hasta el cuartel central.

Él estaba en el cielo. Ocurrieron tres llamadas aquel día, en la ciudad de Phoenix, en cada llamada, él fue en vehículos diferentes: en el camión tanque, en la furgoneta de los paramédicos y hasta en el auto especial del jefe del cuerpo de bomberos. También fue filmado por el programa de televisión local y tuvo su sueño realizado. Todo el amor y atención que le dieron lo tocó tan profundamente, que Billy vivió tres meses más de lo que todos los médicos habían previsto.

Una noche, todas sus funciones vitales empezaron a caer dramáticamente y la enfermera-jefe, que creía en el concepto de que nadie debería morir solo, empezó a llamar a toda la familia. Recordó el día que Billy había vivido como un bombero y llamó al jefe del cuerpo preguntando si sería posible enviar algún representante al hospital para acompañarle en su despedida.

El jefe de los bomberos contestó: "¡Nosotros podemos hacer más que eso! Estaremos ahí en cinco minutos. Y hágame un favor, cuando escuche las sirenas y vea las luces de nuestros autos, avise al sistema de seguridad que no se trata de un incendio. Solamente es el cuerpo de bomberos que viene a visitar, una vez más, a uno de sus más distinguidos integrantes. ¿Y podrías abrir la ventana de su habitación? ¡Gracias!"

Cinco minutos después, una furgoneta y un camión con escalera telescópica llegaron al hospital, extendieron la escalera hasta el piso donde estaba el niño y 16 bomberos subieron hasta su cuarto. Con el permiso de la madre, ellos lo abrazaron, lo tomaron en los brazos y le dijeron lo mucho que ellos lo amaban.

Con un suspiro final, Billy miró al jefe y preguntó:

-Jefe, ¿yo realmente soy un bombero?

-Billy, ¡eres uno de los mejores! –dijo el jefe.

Con estas palabras, Billy sonrió y cerró sus ojos por última vez.

Los diferentes protagonistas de esta historia dieron evidentes muestras de afecto, todas ellas diferentes, pero a su vez, con ingredientes comunes que las identifican como tales. Cuando la madre no sólo estaba a su lado sino que se interesó por la ilusión de su hijo y trató de que la pudiera vivir, esto fue afecto. Lo que movió a la enfermera-jefe para llamar al responsable de los bomberos, esto fue afecto. El hacer sentir al niño como bombero por un día, podría calificarse de un acto de simpatía y generosidad por parte del cuerpo de bomberos, pero cuando corrieron al hospital para estar presentes en su despedida, esto fue afecto.

El componente más profundo del amor es la *intimidad.* Hoy en día, para mucha gente la palabra intimidad tiene una connotación de tipo sexual, cuando alguien dice :"Hemos tenido relaciones íntimas" o, "estábamos en un momento íntimo", son expresiones que se interpretan en clave sexual. Pero la intimidad es mucho más que eso, además del nivel físico, es nuestro espacio reservado del alma y del espíritu que compartimos con alguien en quien confiamos plenamente. La intimidad esencialmente es comunicación, el acto de compartir sin reservas nuestra integridad. Por medio de la comunicación abrimos nuestro interior auto expresándonos y revelándonos a la otra parte de la misma forma que ésta hace lo propio con nosotros.

Muchas veces una proximidad física descubre un vacío abismal entre dos personas, en el fondo buscaban intimidad pero sólo han sido capaces de darse sexo. Al terminar, viene el desencanto, no tenían más intimidad que compartir.

La intimidad no sólo debe darse en la pareja, sino en cualquier relación que se precie de amorosa. Por supuesto, que según el tipo de relación le corresponderán diferentes aspectos de la intimidad, pero si hay amor la intimidad estará presente.

Un maestro se encontró frente a un grupo de jóvenes que se declaraban en contra del matrimonio. Los muchachos argumentaban que el romanticismo constituye el verdadero sustento de las parejas, cuando éste se apaga, es preferible acabar con la relación en lugar de entrar en la hueca monotonía del matrimonio.

El maestro les escuchó con atención y después les relató un testimonio personal:

Mis padres vivieron 55 años casados. Una mañana mi mamá bajaba las escaleras para prepararle a papá el desayuno cuando sufrió un infarto y cayó. Mi padre la alcanzó, la levantó como pudo y casi a rastras la subió a la camioneta. A toda velocidad, condujo hasta el hospital mientras su corazón se despedazaba en profunda agonía. Cuando llegó, por desgracia, ella ya había fallecido.

Durante el sepelio, mi padre no habló, su mirada estaba perdida. Casi no lloró. Esa noche sus hijos nos reunimos con él. En un ambiente de dolor y nostalgia recordamos hermosas anécdotas. Él pidió a mi hermano teólogo que le dijera dónde estaría mamá en ese momento. Mi hermano comenzó a hablar de la vida después de la muerte explicando una serie de conjeturas sobre cómo y donde estaría ella. Después de escucharle con gran atención, dijo: "Fueron 55 buenos años... ¿saben? Nadie puede hablar del amor verdadero si no tiene idea de lo que es compartir la vida con una mujer así". Hizo una pausa y se limpió la cara.

"Ella y yo estuvimos juntos en todo, alegrías y penas. Cuando nacisteis vosotros, cuando me echaron de mi trabajo y tuvimos que vender la casa y mudarnos a otra ciudad, cuando vosotros enfermasteis"... continuó: "Siempre estuvimos juntos, compartimos la alegría de ver a nuestros hijos terminar sus carreras, lloramos uno al lado del otro la partida de seres queridos, oramos juntos en la sala de espera de algunos hospitales, nos apoyamos en el dolor, nos abrazamos en cada Navidad y nos perdonamos nuestros errores... hijos, ahora se ha ido y estoy contento, ¿sabéis por qué?, porque se fue antes que yo, no tuvo que vivir la agonía y el dolor de enterrarme, de quedarse sola después de mi partida. Seré yo quien pase por eso, y le doy gracias a Dios. La amo tanto que no me hubiera gustado que sufriera..."

Cuando mi padre terminó de hablar, mis hermanos y yo teníamos el rostro empapado en lágrimas. Lo abrazamos y él nos consoló: "Todo está bien hijos".

Esa noche entendí lo que es el verdadero amor. Dista mucho del romanticismo y no tiene que ver demasiado con el erotismo. Más bien es una comunión de corazones que es posible porque somos imagen de Dios. Es una alianza que va mucho mas allá de los sentidos y es capaz de vivir la entrega del uno por el otro.

Se nos ha educado para la *solicitud*, menos para el *afecto* y muy poco para la *intimidad*.

Esta manera de acercarnos al amor es el resultado de las carencias y heridas que todos llevamos en mayor o menor medida en nuestro interior, las cuales, van pasando de padres y madres a hijos e hijas, siendo luego necesario que cada uno se libere de su carga personal para poder desarrollar sus propias capacidades afectivas. En la medida que este proceso avance en la persona, más fácil le será llenarse de auténtico Amor y compartirlo con los demás.

6: Dejando espacio para el Amor

Sanar nuestro interior

> Si no tenemos paz dentro de nosotros, de nada sirve buscarla fuera.
> **François de la Rochefoucauld**

El circuito de agua caliente de nuestra casa fue perdiendo potencia de tal forma que en un momento dado, casi no salía agua. Cuando vino el especialista comprobó que el agua de la zona era muy calcárea, y la cal se había adherido a las paredes de las tuberías cerrando el paso al agua. Trajo una motobomba hidráulica e hizo circular durante un par de horas un líquido disolvente de la cal por el circuito de tuberías. Al cabo de ese tiempo, el agua volvía a fluir con la misma presión del primer día.

Algo parecido ocurre en las personas, se han ido depositando tantos sedimentos de pensamientos y emociones negativas respecto a sí mismos, a las relaciones y a las situaciones vividas, que impiden el paso del Amor.

La persona no puede sentirse realizada y feliz si se encuentra cargada anímicamente. Las cargas anímicas suelen llevarse de forma inconsciente, por esa razón, las personas atribuyen mucho de lo que les pasa a otras personas y a las circunstancias, y no a sí mismas. De esta manera, el crecimiento interior se ralentiza o simplemente no se produce. Crecer interiormente es liberarse de todos los guiones negativos y emociones reprimidas que condicionan nuestra vida dejando espacio para la Luz y el Amor. Cuando éstas tienen presencia en nuestro interior disfrutamos la sensación de plenitud y a su vez, la transmitimos sin esfuerzo alcanzando a los que se relacionan con nosotros, haciéndoles bien.

Las cargas anímicas pueden ser fundamentalmente de dos tipos: las que se han generado y desarrollado en la experiencia directa de la persona y las que se heredan por la condición de ser miembro de un sistema familiar determinado.

Una mujer había sufrido un fracaso amoroso habiendo quedado doblemente herida, por una parte, la infidelidad y el abandono, y por la otra, todas aquellas experiencias negativas que había vivido con su ex pareja. Pasando el tiempo conoció a otra persona que le devolvió la ilusión de vivir, pero en vez de disfrutar juntos esta ventura, sufrían la nueva relación y no podían entender lo que les pasaba.

Al escucharles, era fácil comprobar como ella aún cargaba con el dolor y la amargura que le mantenía prisionera de su antigua relación, toda esa carga la proyectaba sobre su nueva pareja constantemente. Su inconsciente asociaba situaciones actuales con las del pasado, disparando emociones negativas que ahogaban el amor que mutuamente sentían, y hacía difícil la convivencia.

No necesitaban buenos consejos, los sabían de memoria. Sólo era necesario que ella se liberara de la carga emocional de su anterior relación para poder disfrutar de la nueva etapa en su vida.

En esta vida todos tenemos que atravesar situaciones que pueden dejar heridas en nuestra alma, estas heridas van a condicionar nuestra vida igual que ocurre en el nivel físico. Si una persona tiene una herida en su mano no puede realizar las mismas cosas que antes hacía, si algo toca esta herida produce una reacción incontrolada. Por eso podemos comprobar cómo tantas personas tienen reacciones y conductas incontroladas en sus relaciones. En el fondo de cada comportamiento incorrecto siempre hay una causa no resuelta que lo impulsa.

He atendido a muchas parejas con problemas en su relación, y he podido comprobar lo difícil que resulta ayudarlas mientras se encuentran condicionadas por las cargas heredadas de sus respectivos sistemas familiares. Mutuamente se echan la culpa de su infelicidad, y aunque con ayuda logren mejorar su situación, con frecuencia volverán de nuevo a sufrir por la misma cuestión o por otras similares.

Recuerdo una pareja que pasaban el día discutiendo, pero cuando eran capaces de tomar perspectiva de su situación, se admiraban de sí mismos. Tenían todo lo que un matrimonio pudiera desear: buenos empleos, una confortable casa, un precioso niño de cinco años, tiempo para ellos... pero cuando estaban juntos siempre discutían.

La primera vez que vinieron a verme, les permití que se expresarán libremente y entraron de inmediato en una discusión a causa de sus respectivas familias. Pasados unos minutos, les conduje a otro tema, pero duró muy poco, tal como si tuvieran un resorte interior, volvieron a enzarzarse en la misma discusión del principio.

Les hice ver que aquella discusión era un callejón sin salida, ellos me lo reconocieron, pues llevaban cinco años discutiendo sin llegar a resolver el asunto, estaban agotados y decepcionados el uno del otro.

Les expliqué que estaban llevando sin saberlo, cargas familiares que les impedían vivir su propia vida, así que, aunque tenían la idea de vivir independientes de sus respectivas familias, no era cierto, tanto la madre de él como la madre de ella estaban siempre presentes en la relación, por tanto, esto significaba que cuatro personas habían de ponerse de acuerdo a través de dos representantes y teniendo intereses contrapuestos.

Les indiqué que debían realizar una sesión de liberación de sus cargas familiares si querían acabar con aquella pesadilla de una vez por todas, les pareció bien y estuvieron de acuerdo en hacerla. Como debía pasar algún tiempo antes de poder realizarla, les di algunas pautas para paliar la situación. Pasado un mes me confesaron que fueron incapaces de seguirlas, pues, sin darse cuenta se encontraban envueltos en las discusiones de siempre.

Una vez liberaron sus cargas familiares, pudieron disfrutar de una armonía total, siendo capaces por sí mismos de resolver sobre la marcha las cuestiones que se iban presentando, sin volver a caer en las discusiones irracionales de antes.

Amar es sencillo cuando puede fluir el Amor. Pero cuando en nuestro interior hay obstáculos formados por "quistes" de emociones negativas dispuestos a activarse en cualquier momento, por cualquier cosa, la energía no puede fluir de forma estable. Eso explica como podemos debatirnos entre el amor y el desamor.

Pero aún hay más, mucho de lo que pensamos que es Amor no lo es auténticamente, pues son sentimientos que en su base pueden tener la esencia del Amor, pero en su desarrollo están contaminados con emociones que pertenecen a necesidades anímicas insatisfechas.

Una persona que se rechaza a sí misma no es una persona que disfruta del Amor, su alma no se ha llenado de esa energía limpia y por tanto lo que compartirá con su pareja y sus hijos no será el Amor que ella no tiene. Puede pensar que ama mucho, pero siempre será un amor contaminado y condicionado por sus necesidades personales.

Una mujer me decía que su marido era muy terco, pues, cuando trataban alguna cuestión se cerraba en su forma de ver las cosas, y no había manera de que reconsiderara su opinión. Cuando eso ocurría, ella se sentía muy mal con él, todo el amor que experimentaba en su interior se transformaba en odio y deseaba perderlo de vista. Pasada la crisis, al normalizarse la situación volvía a sentir amor por él, pero, aunque le echaba la culpa de sus alteraciones, le costaba entender cómo sus sentimientos podían cambiar en pocos minutos de manera tan radical y opuesta.

Ella no se daba cuenta que necesitaba unos incentivos para amar y cuando no los recibía se invertían sus sentimientos. El amor que sentía no era limpio, estaba condicionado por la respuesta de la otra persona. Lógicamente, el que ella reaccionara así complicaba las cosas entre la pareja, y él se sentía usado y manipulado por ella, de tal manera que cada vez se encontraba más desconfiado a la hora de abrirse a ver las cosas como ella se las presentaba.

La mejor forma de liberarnos de nuestros "quistes emocionales" sencillamente consiste en detectarlos y vaciarlos. Una vez vaciados, han dejado de existir y ya no tienen ningún poder sobre nosotros. Lo mismo ocurre con los guiones negativos que de forma no consciente siguen condicionando en diferentes situaciones nuestra vida, mientras pensamos que somos libres y elegimos por nosotros mismos.

¿Cómo detectamos nuestras emociones reprimidas?

Existen algunas directrices sencillas para poder hacerlo, pero el primer paso es proponérselo con honestidad. La honestidad es fundamental, puesto que, en general, las personas no están muy predispuestas a reconocer su propia responsabilidad en sus reacciones. Suelen decirme expresiones como la que sigue cuando alguien toma conciencia de sus actitudes y conductas: "Me duele mucho tener que aceptar que soy yo el que tiene que cambiar".

Es necesario estar atentos a los sentimientos negativos que experimentamos en cualquier situación. Para ello, hemos de entrenarnos en centrar la atención en nosotros mismos: hay que observar el cuerpo y comprobar si alguna parte de él está tenso. Siempre que tensamos algún músculo injustificadamente se produce un bloqueo energético, alguna emoción está proyectándose sobre el organismo. Es el momento de relajar la parte tensa mientras nos preguntamos qué cosa nos hace sentir mal o nos preocupa.

Por otra parte, cualquier situación en la que tomemos conciencia de sentirnos mal nos dará una información de gran importancia. El secreto está en asumir la responsabilidad de nuestros sentimientos y no atribuírsela a otras personas o a las circunstancias como las auténticas causantes.

Un hombre me dijo que se alteraba cuando veía a alguien que era amable y servicial con otro. Interiormente se sentía violento y menospreciaba al que actuaba así, para él era un signo de debilidad.

Le confronté con el hecho de que el mismo acto amable y servicial despertaba sentimientos positivos en otras personas. Al principio, menospreciaba también a los que podían sentir algo positivo ante estos actos, pero poco a poco fue aceptando que él debía tener algún problema con el afecto, admitiendo finalmente que su carencia le hizo endurecerse.

Sólo siendo honesto y admitiendo la responsabilidad de nuestros sentimientos negativos podemos abrirnos a descubrir qué hay dentro de nosotros que impide positivizar cualquier situación para llenarla de Luz.

Quedaremos sorprendidos de la cantidad de "basura" emocional que puede haber dentro de nosotros cuando trabajemos en la limpieza de cualquier zona del inconsciente afectada por emociones negativas.

Ejercicio para desarrollar la autoconciencia.

La autoconciencia comprende dos aspectos: el físico y el anímico. En el primero se encuentran todas las sensaciones que se experimentan en nuestro cuerpo como resultado de las emociones negativas que generamos. En el segundo, se ubican todos los pensamientos y sentimientos que nos provocan cualquier situación que experimentamos negativamente. Para desarrollar la conciencia de lo que vivimos y liberarnos de la inercia que nos mantiene ausentes de la realidad, lo propio es comenzar por el nivel físico y luego seguir con el anímico.

Puede comenzarse sentándose en una silla con la espalda apoyada en el respaldo, las piernas sin cruzar y los antebrazos descansando sobre los muslos. Con los ojos cerrados se respirará varias veces lenta y profundamente, centrando la atención en las sensaciones propias de la respiración.

Cuando hago este ejercicio tanto a nivel individual como en grupo, les pido que continúen diciéndome lo que perciben en su cuerpo. Si hay alguna persona que tiene algún tipo de molestia, pronto lo expresa: "me duele la espalda". Pero en general, al principio la mayoría expresa que no siente nada. No saben *escuchar* su cuerpo, su nivel de conciencia es muy pobre.

Seguidamente les ayudo indicándoles que centren su atención en diferentes partes de su cuerpo: "Piensa en tu brazo derecho que se encuentra apoyado encima de tu pierna derecha. ¿Sientes el peso de tu brazo sobre tu pierna?" Entonces la mayoría lo descubre y lo experimenta. Así les voy llevando en un recorrido por su cuerpo y comienzan a tomar conciencia de él. El resultado al cabo de pocos minutos no sólo es un mayor nivel de conciencia, sino también un buen estado de relajación general. Muchos confiesan darse cuenta de sensaciones que no habían observado antes. Su cuerpo es su gran desconocido.

No hay que hacer nada con las sensaciones que se van observando, sencillamente tomar conciencia de ellas y aceptarlas. Este ejercicio realizado diariamente por unos minutos, libera las tensiones que el organismo ha ido acumulando durante el día y, desarrolla sensiblemente la capacidad de *escuchar* lo que ocurre en nuestro organismo.

Como complemento a esta práctica, durante el día, en diferentes momentos y de manera espontánea, hay que preguntarse: ¿Qué sensaciones puedo observar ahora? Nos sorprenderá lo que nuestro cuerpo es capaz de comunicarnos.

Paralelamente y, mejor en un estado de relajación, pasaremos a observar nuestra mente para tomar conciencia de los pensamientos y sentimientos que de forma anárquica va generando. Se trata de tomar perspectiva de nuestra mente, para ello, es necesario comprender que una cosa es *pensar* y la otra *tomar conciencia de qué estamos pensando*. Al enfocar nuestra atención en nuestra mente como un elemento más de nuestro ser, y no como nosotros mismos, disociamos nuestros pensamientos y sentimientos de nuestra conciencia, saliendo de la inercia en que nos encontramos y constatando que nosotros no somos nuestros pensamientos.

Al comenzar a hacerlo, todos aquellos pensamientos parásitos y repetitivos que pululaban sin control desaparecen automáticamente y, después de unos momentos, comienzan a aparecer toda una suerte de imágenes, pensamientos, sentimientos, "voces", recuerdos, fantasías e ideas de todo tipo que nuestra mente va generando de manera espontánea. El sólo hecho de aceptar lo que viene a nuestra conciencia sin interactuar con ello va liberando nuestra mente de un peso innecesario. Mientras esto ocurre, es el momento de poder descubrir qué cosas nos incomodan y se asocian o reestimulan con las emociones reprimidas que tenemos.

La Confrontación Sistemática.

Es uno de los métodos realmente eficaces para trabajar individualmente en nuestra regeneración interior. Es una técnica sencilla que todos pueden practicar, sólo requiere unos cuantos minutos al día y puede en poco tiempo ir despejando nuestra mente de cargas emocionales inútiles, regenerando nuestro interior y dejando espacio para el Amor.

Se trata de confrontarnos una y otra vez con *una afirmación de lo que debería ser real en nosotros y no lo es*. Al hacerlo, se persiguen dos propósitos: El primero es vaciar la mente de los pensamientos y emociones negativas respecto al asunto que trabajamos y, el segundo, que nuestro inconsciente asimile una nueva afirmación positiva liberadora de la atadura que sufríamos.

Como ya se ha dicho, los pensamientos y emociones que están grabados en nuestro inconsciente limitan nuestra libertad, condicionan nuestras decisiones y provocan las reacciones que tenemos ante cualquier circunstancia que nos incomoda. Por tanto, al poder sustituirlos por otros mejores, nuestra forma de pensar, sentir y actuar cambiará notablemente.

Descubriremos que en nuestro inconsciente, una idea o emoción negativa está siempre asociada a numerosos pensamientos, imágenes, recuerdos, sensaciones, sentimientos, sentencias y órdenes que hemos recibido desde nuestra primera infancia. Todo ello ha ido creando un guión lo suficientemente profundo como para seguirlo automáticamente en la inercia de vida que todos llevamos. Para la mayoría de la gente es tan difícil salirse de este "carril" como a un tren de su vía.

El objetivo es debilitar estos guiones liberando las creencias negativas que los sustentan hasta que pierdan su fuerza y entonces, cambiarlos por creencias abiertas y positivas que permitan la armonía interior, y el fluir del Amor.

Vino a verme una joven que su novio la había dejado. Ella había luchado mucho para que él no lo hiciera, pues, le amaba con toda su alma. Sin embargo, él no sentía lo mismo por ella. Mantuvieron varios años la relación pero el tiempo fue demostrando que ésta era destructiva, sobre todo para ella, que ya acusaba trastornos psicosomáticos.

Era evidente que se aferraba a algo que no le convenía, y cuanto más lo hacía, más daño se causaba. Su mente tenía un bloqueo: no podía aceptar el perder a su novio. Con todos los que había hablado hasta entonces, acababa admitiendo que su novio no la quería, pero aún así, ella no aceptaba perderlo.

Esta situación puede parecer propia de una chica inmadura, pero la realidad es otra, pues, en la mente de la mayoría de personas hay ideas que no son negociables, las cuales están enraizadas de tal forma que la persona muestra una gran resistencia al cambio. Estas ideas se han instaurado en cualquier momento de la vida, por cuestiones de educación, de cultura, de religión o de la experiencia propia, las cuales, han creado un impacto interior lo suficientemente profundo, que posteriormente se ha ido reforzando con otros pensamientos y experiencias, resultando en un bloque compacto difícil de eliminar.

Decidí trabajar el problema de aquella joven con el método de la *Confrontación Sistemática*, así que, le pedí que se sentara cómodamente, cerrara los ojos y se relajara para elevar su nivel de conciencia. Una vez que ella fue consciente de las sensaciones de su cuerpo, de los pensamientos y sentimientos que venían a su mente, le pedí que repitiera en voz alta la afirmación que yo le iba a decir: "Acepto que X no me ama y ha salido de mi vida".

Se incorporó automáticamente del asiento abriendo los ojos y negándose a repetir lo que le pedía. Tuve que calmarla y volverla a convencer de intentarlo de nuevo.

Después de varias negativas lo intentó, y rompió a llorar compulsivamente mientras decía: "Yo no puedo aceptar eso, mi vida no tiene ningún sentido sin él..."

Le pedí que volviera a repetirlo varias veces. Su respuesta fue llorar con mucha amargura una y otra vez.

Progresivamente se fue calmando, y después de vaciar buena parte de sus emociones acumuladas, fueron saliendo una serie de ideas que tenía grabadas en su inconsciente, las cuales, determinaban su forma de reaccionar ante aquella situación.

La secuencia que se muestra a continuación es la que siguió a las primeras confrontaciones en las que liberó la carga más fuerte de dolor:

-Acepto que X no me ama y ha salido de mi vida (afirmación).

-Si acepto eso, todo lo que he sufrido no habrá valido para nada (reacción de su mente).

-Acepto que X no me ama y ha salido de mi vida.

-Me siento muy sola.

-Acepto que X no me ama y ha salido de mi vida.

-Me voy a quedar sola toda mi vida.

-Acepto que X no me ama y ha salido de mi vida.

-Me siento muy insegura.

-Acepto que X no me ama y ha salido de mi vida.

-Tengo miedo.

-Acepto que X no me ama y ha salido de mi vida.

-Me siento muy poca cosa.

-Acepto que X no me ama y ha salido de mi vida.

-La culpa es mía, debería haber sido más atenta con él.

-Acepto que X no me ama y ha salido de mi vida.

-Nunca podré hacer feliz a nadie.

-Acepto que X no me ama y ha salido de mi vida.

-Cuando conozca a otro hombre también me dejará.

-Acepto que X no me ama y ha salido de mi vida.

-Creo que no tengo más remedio que aceptarlo.

-Acepto que X no me ama y ha salido de mi vida.

-Necesito aceptarlo para poder volver a vivir.

-Acepto que X no me ama y ha salido de mi vida.

-Quizás hubiera sido peor seguir juntos.

-Acepto que X no me ama y ha salido de mi vida.

-No puedo obligarlo a estar conmigo si no me quiere.

-Acepto que X no me ama y ha salido de mi vida.

-Creo que estoy empezando a aceptarlo...

El cambio en la expresión de su cara ya era evidente, ahora no reflejaba angustia, ni amargura, ni temores; simplemente aceptación de la realidad.

Aceptar la realidad tal y como es elimina los conflictos interiores que producen todo tipo de emociones y pensamientos negativos. Al aceptar la realidad vuelve la armonía interior, porque se elimina el conflicto y se experimenta paz. No aceptar la realidad suele ser uno de los factores más comunes que está en la base de los trastornos emocionales. Hay muchas cosas en nuestra mente que resisten aceptar a las personas tal como son, sus comportamientos y las situaciones que la vida nos depara. Cada vez que sentimos una resistencia a aceptar la realidad podemos dar por seguro que necesitaremos trabajar en nuestro interior, para ser más libres de la influencia de lo que nos rodea.

El método.

En primer lugar es necesario *identificar lo que nos perturba.* Por poco que se haya desarrollado el autoconocimiento, no tendremos dificultad en descubrirlo y definirlo.

Por ejemplo: No soy capaz de decir "no" a una demanda cuando interiormente no quiero hacerlo.

En segundo lugar hay que construir una *afirmación positiva, expresada en presente, de lo que debería ser realidad en mí y no lo es.* No es difícil componerla, aunque hay que meditarla unos minutos para que cumpla la función que deseamos.

Por ejemplo: "Siempre soy fiel a mí mismo y me siento muy bien".

Hemos de tener presente que nuestra mente tiende a aceptar todo lo que es compatible con los programas que tiene establecidos, pero no aquello que crea un conflicto. Si una joven cree que tiene sus piernas muy gruesas y las rechaza, al expresar afirmaciones del tipo: "No encontraré ropa que me siente bien", su inconsciente no reaccionará contra esa expresión porque está en consonancia con el conjunto de ideas negativas que hay en su mente respecto a sus piernas. Eso no quita que se sienta triste, desanimada o enfadada con su físico, pero la afirmación ha sido bien aceptada en su mente porque refuerza las creencias establecidas. Por esa razón, la afirmación que debemos construir no refuerza nuestras creencias negativas, sino que se confrontará con ellas para crear un conflicto terapéutico, produciendo una reacción liberadora.

En tercer lugar se requiere un *estado de recogimiento,* puesto que, nuestro consciente se encuentra más receptivo y es capaz de recibir y liberar las reacciones del inconsciente al mensaje que intentamos inducirle.

Seguidamente ya se puede *declarar la afirmación con una actitud positiva,* esto es, como si fuera realidad. Entonces hay que "escuchar" la reacción que se producirá en nuestra mente. Es la respuesta del inconsciente que protesta porque la afirmación no encaja con la ristra de creencias que sostienen la conducta no deseada.

No hay que razonar con ella, ni reprimirla, ni evitarla, ni justificarla, ni ninguna otra cosa; *sencillamente aceptarla,* permitiendo así, que pueda liberarse por sí misma. Cuanto menos nos guste lo que sale de nuestra mente, más liberador suele ser.

Inmediatamente, antes que la mente se disperse con otros pensamientos, hay que volver a *realizar una nueva confrontación* siguiendo la misma pauta: aceptando la reacción del inconsciente. Puede ser que la reacción a varias confrontaciones sea la misma. No importa, es normal; hay que continuar confrontando para hacer posible su propia evolución y que la mente vaya "escupiendo" las toxinas emocionales que se encuentran enquistadas en su interior. Necesariamente el inconsciente irá transfiriendo material propio al consciente y, si éste no se vuelve a reprimir, se libera.

La confrontación es sistemática en cuanto que no se le permite a la mente otra alternativa que no sea confrontarse con la afirmación que se ha determinado y, al mismo tiempo, se la fuerza a que libere todo el material de desecho que contiene. Siempre acaba haciéndolo aunque pueda resistirse al principio.

La confrontación termina definitivamente cuando al decir la afirmación *interiormente se experimenta asentimiento*, ha desaparecido el conflicto interior y hay una sensación de bienestar. En este momento, ya no hay obstáculos para que la afirmación sea totalmente asimilada, si se continúa con algunas repeticiones más se comprobará que la sensación interior de veracidad se hace mucho más real.

Puede ser que el proceso de liberación y asimilación lleve más de una sesión, esto tampoco es importante. Una duración normal para una sesión podría ser de unos veinte minutos o veinticinco confrontaciones aproximadamente. No se trata de realizar sesiones agotadoras para ir más rápido, pues, es más efectivo sesiones cortas en las que las facultades mentales se encuentran activas y proponerse una continuidad periódica.

A continuación presento otro ejemplo que ayudará a ilustrar mejor la práctica de este método. Ocurrió con un joven que al confrontarse con la afirmación: "Mi madre me ama", reprimía lo que su inconsciente le daba: "Odio a mi madre", quedando callado y tratando de buscar otra frase más aceptable socialmente. Le tuve que aclarar que ésta era la realidad que había dentro de él y, lo que menos importaba era si quedaba o no estético al expresarlo. Lo realmente importante es liberar las emociones reprimidas que perturban nuestra paz interior de forma llana y espontánea, para que tenga un efecto terapéutico.

La confrontación discurrió de la siguiente manera:

-Mi madre me ama (afirmación).

-Odio a mi madre (reacción).

-Mi madre me ama.

-Odio a mi madre.

-Mi madre me ama.

-Odio a mi madre.

-Mi madre me ama.

-Odio a mi madre.

-Mi madre me ama.

-Odio a mi madre.

-Mi madre me ama.

-Odio a mi madre.

-Mi madre me ama.

-Su preferido siempre ha sido mi hermano.

-Mi madre me ama.

-Cuando nos peleábamos siempre le daba la razón a él.

-Mi madre me ama.

-Todo lo mejor era para él, a mí nunca me ha querido.

-Mi madre me ama.

-Alguna vez le escuché decir que yo tenía que haber sido una niña.

-Mi madre me ama.

-Siempre tengo la sensación de que no encajo en esta familia.

-Mi madre me ama.

-Yo siempre estaba castigado.

-Mi madre me ama.

-Me pegaba mucho.

-Mi madre me ama.

-Cuando hablaba con mi hermano cambiaba la expresión de su cara y le hablaba más dulce. Me da asco verlo.

-Mi madre me ama.

-Si me hubiera amado hubiera intentado agradarla.

-Mi madre me ama.

-Si me hubiera amado mi vida hubiera sido diferente.

-Mi madre me ama.

-Si me ha amado habrá sido a su manera.

-Mi madre me ama.

-Algo puede que sí, cuando no estaba mi hermano.

-Mi madre me ama.

-Bueno... si pienso en que me ha dado de comer y ha cuidado de mí...

-Mi madre me ama.

-Puede que sí.

-Mi madre me ama.

-Quizás sí.

Cuando el inconsciente ha vaciado todo aquello que daba consistencia a la idea contraria a la afirmación, es capaz de aceptarla. Entonces ya no hay reacción, se entra en el nivel de la posibilidad y, si se sigue, la conciencia llega a captar los aspectos positivos que se han dado en la relación. Se ha despejado el espacio mental de todo lo negativo para ofrecérselo al Amor.

Ésta es una práctica sencilla de higiene mental que, realizada con regularidad, producirá en poco tiempo cambios significativos en nuestra vida.

Hay quienes prefieren realizar esta práctica en otra modalidad con la que se adaptan mejor, en ésta, no se requiere conseguir un estado de relajación para que la mente se encuentre más receptiva, pero sí es necesario tener el suficiente recogimiento para evitar las interferencias. La confrontación se realiza usando otros recursos mentales: Se trata de tener un cuaderno de trabajo personal, en el que se escribe la afirmación con la que vamos a confrontarnos. Mientras estamos escribiéndola, nuestra mente reacciona dándonos su respuesta, la cual vamos a escribir inmediatamente debajo. Luego volveremos a escribir la afirmación, mientras lo hagamos, nuestra mente volverá a reaccionar, y volveremos a escribirla debajo... así sucesivamente hasta que se complete el proceso.

Una de las ventajas de este procedimiento es que al anotar las respuestas de nuestra mente, podemos encontrar al repasarlo, nuevos "quistes" negativos que hay que sanar. Por ejemplo. En medio de un proceso de confrontación podría aparecer el siguiente esquema:

-Me gusta mi trabajo (afirmación).

-Acabo agotado (reacción).

-Me gusta mi trabajo.

-Es muy estresante para mí.

-Me gusta mi trabajo.

-Me siento muy inseguro.

-Me gusta mi trabajo.

-Creo que si me equivoco puedo jugarme el puesto.

-Me gusta mi trabajo.

-Se me encoge el estómago...

Es evidente que el factor inseguridad polariza la experiencia del trabajo, por tanto, la confianza en sí mismo sería un buen filón para trabajar en una nueva Confrontación Sistemática.

Es difícil que el Amor llegue a inundar cualquier área de nuestro ser interior si no vaciamos las emociones y creencias que nos atenazan, impidiendo así liberar nuestro potencial personal.

Un día estaba tomando un refresco en una cafetería y veía a una de las camareras que iba de un lado a otro atendiendo a muchas mesas y prodigando sonrisas y expresiones simpáticas a todos. Cuando se acercó a mi mesa para cobrar el importe de la consumición, le pregunté por el secreto de su capacidad y la respuesta fue muy sencilla: "Amo mi trabajo".

Donde hay amor no hay temores ni resistencias de ningún tipo, sólo una entrega que fluye y nos hace experimentar un cúmulo de emociones positivas que son reforzadas por las respuestas de los demás.

El perdón

El que es incapaz de perdonar es incapaz de amar.
Martin Luther King

La capacidad de perdonar es un factor fundamental para sanar interiormente nuestra vida y conseguir la paz y la armonía que todos necesitamos. He visto a muchas personas que sufren las consecuencias del resentimiento por no haber perdonado: diferentes manifestaciones de la ansiedad y numerosas enfermedades por causas psicosomáticas. Unos se resisten a perdonar porque se sienten muy dolidos y creen que se debe hacer justicia, toman medicación para paliar los síntomas que sufren y hasta llegan a hacerse adictos a ella, pero, al no resolver la causa de fondo la situación no suele mejorar. Otros, han intentado perdonar, pero de éstos, los hay que lo han hecho intelectualmente y no han conseguido la liberación que deseaban, pues, les sigue afectando cada vez que ven a la persona que les ha ofendido o viene a su mente algo relacionado con lo que ocurrió. El resto han hecho la acción de perdonar apelando o auxiliándose en principios religiosos o espirituales, pero siguen sintiéndose mal aunque pueden no tener mala conciencia. Algo similar al hecho de recibir un golpe en la pierna y a continuación, la persona que lo ha propinado te pide perdón, le dices que no se lo tienes en cuenta, pero la pierna sigue doliendo.

La realidad es que una persona no puede sentirse libre de la carga de amargura, resentimiento o malestar generado en su interior a causa de la acción sufrida hasta que no libera las emociones asociadas al hecho. Por este motivo, nos encontramos con dos aspectos del perdón relacionado con la sanidad interior: *La voluntad de perdonar, y la carga emocional que debe ser liberada.*

Si la persona que ha recibido un mal se aferra al sentimiento de justicia, no sentirá la necesidad de perdonar, más bien pensará que cuando se vengue o se haga justicia, volverá a sentirse bien, pero esto es una falacia.

Si la persona entiende el concepto y la bendición de perdonar y, realiza una auténtica acción de perdón, puede ocurrir que inmediatamente se sienta liberada o que, aún después de haberlo hecho, no sienta liberación y paz interior. En este caso, la persona no se debe sentir culpable por no haber perdonado, puesto que sí lo ha hecho. Nos encontramos entonces ante un fenómeno natural muy común que hace sufrir innecesariamente a muchas personas, ya que, se les suele acusar de no haberlo hecho con suficiente sinceridad o genuinidad espiritual. Lo que ocurre en este caso es que se confunden los dos aspectos que se han mencionado, pues, no siempre que una persona realiza el acto de perdonar implicará que esté dando libertad a las emociones enquistadas. Este hecho es necesario entenderlo y asumirlo para no hacerse daño uno mismo o hacérselo a otros espiritualizándolo negativamente.

Posteriormente a la generación de unas emociones negativas pueden ocurrir dos cosas: Que se extingan por sí mismas con el paso del tiempo, o que quede una huella emocional que ejerza su presencia e influencia en la conciencia de la persona. Entonces, ésta sufrirá un nivel de perturbación que le afectará a su rendimiento y armonía personal. En el caso de que el impacto emocional vaya diluyéndose con el paso del tiempo, la persona puede pensar que el asunto ha sido superado, pero aún queda una incógnita: las emociones negativas, por haber sido reprimidas en su momento han podido quedar en el inconsciente, y no manifestarse en la conciencia de la persona, pero sí influirle en sus reacciones. Por ello siempre es conveniente asegurarse que cualquier impacto emocional no ha dejado secuelas en el inconsciente. Una manera de hacerlo es por medio de la Confrontación Sistemática.

Siguiendo con estos dos aspectos del perdón será conveniente definir primero en qué consiste perdonar: Perdonar esencialmente es *volver a poner las cosas en orden*. Para ello es necesario hacerlo consciente y voluntariamente, de buen grado.

Cuando a una persona que se siente mal con otra se le olvidan los sentimientos negativos que tenía al pasar unos días, no ha perdonado, simplemente la huella emocional no era lo suficientemente profunda, o no ha realizado muchas conexiones en el inconsciente como para resistirse a desaparecer de la conciencia.

En el caso de que una persona se siente obligada a pasar por alto una ofensa, muy posiblemente superará el incidente, pero, la secuela emocional quedará ahí sin eliminar, dispuesta a condicionar o influir en nuevas situaciones que se den en la relación. Esto suele ocurrir muy a menudo en las relaciones familiares, por ello, al cabo de un tiempo de ir superando enfrentamientos, la convivencia se hace más difícil o se distancia.

Cuando una persona sufre una ofensa o un mal, este hecho tiene también dos vertientes: Por una parte está la intencionalidad que haya existido en el que ha realizado la acción y, por otra, las emociones que ha generado el que ha sido receptor de la acción.

A menudo hay personas que se sienten mal, pero en realidad no les han hecho un mal, simplemente su forma de interpretar el hecho les ha creado malestar. Sin embargo, en otras ocasiones sí ha existido mala intención en el causante del mal, pero esto no implica necesariamente que el receptor del mal ha de generar emociones negativas.

Uno y otro son dos hechos distintos que con demasiada frecuencia van unidos, pero pueden y deben tratarse por separado y, para ello, es necesario discriminarlos.

Hace unos años vino a verme un matrimonio que se encontraba en una situación lamentable, los dos estaban sufriendo un estado depresivo y se mostraban ansiosos. Todo había comenzado cuando sus íntimos amigos, otro matrimonio con el que salían juntos a todas partes, les había pedido prestado 3.000 €. No dudaron ni un momento, inmediatamente fueron al banco y sacaron esta cantidad dándosela a sus amigos.

A partir de entonces, la mujer que había venido a verme y que era la que se encargaba de narrarme la historia, comenzó a notar que su amiga la iba esquivando cuando quedaban para comprar juntas o realizar otras tareas de rutina. Seguidamente hubo algunos fines de semana que excusaron el no poder salir juntos a causa de tener otros compromisos, y de esta manera, se iba creando una cierta distancia en la relación que no había existido nunca antes. Añadido a esto, fueron observando cómo realizaban algunos gastos superfluos y no hacían ninguna referencia al asunto de devolverles el dinero.

La mujer comenzó a sospechar que el distanciamiento y la deuda podían tener alguna relación, así que le dijo al marido que hablara con la otra parte para ver si podían ir devolviéndoles el préstamo. Cuando el marido se armó de valor y le habló a su amigo para regularizar la situación, el otro se molestó mucho y la relación se deterioró bastante más. Sus amigos fueron dando largas a la devolución de la deuda y la relación terminó rompiéndose, sin embargo, esto no fue lo peor. Mientras duró este proceso de deterioro, la familia que vino a verme había experimentado cambios importantes sin darse cuenta. Uno de ellos fue el que sus conversaciones se habían reducido a un solo tema: lo que hacían y dejaban de hacer sus ex amigos. Al hacerlo así, quedaron atrapados por la amargura y el sentimiento de impotencia, los cuales, les impidieron seguir disfrutando de su vida.

Después de escucharles, les dije que la mejor solución a su problema no era otra que el perdonar a sus amigos. Como si hubiera accionado un resorte, la mujer se levantó de la silla y dijo con mucha indignación:

-Comprenderá que no hemos venido hasta aquí para que nos diga que hemos de perdonar a nuestros amigos, éstos nos la han jugado y nos la han de pagar. Nosotros sólo hemos venido para resolver la cuestión de nuestra salud.

Traté de explicarles que una cosa y la otra estaban íntimamente relacionadas, pero, sobre todo la mujer se resistía a admitirlo y procuraba dejar claro que mi propuesta era totalmente irracional.

Se fueron un poco molestos y durante algunos meses no supe nada más de ellos. Al cabo de este tiempo, una tarde volvieron a aparecer y observé que la mujer tenía otra actitud.

-Bien —comenzó ella—, hemos vuelto para probar si lo que nos propuso puede dar resultado.

-¿Qué les ha hecho cambiar de opinión? —Les pregunté—.

-Hemos ido al abogado y parece que no hay forma de recuperar nuestro dinero, también lo hemos intentado con amenazas y presionando a través de otra gente conocida, pero ellos van diciendo a todos que somos unos paranoicos y que nos hemos inventado una historia irreal... los amigos comunes comienzan a dudar de nosotros... estamos realmente desesperados y la medicación que tomamos no nos está ayudando mucho... hemos perdido la ilusión por las cosas, nuestra vida se ha vuelto oscura.

Volvimos a hablar del perdón y esta vez no se resistieron, aunque confesaban que les parecía algo inalcanzable para ellos. Fue necesario acercarnos al perdón de forma progresiva identificando cada componente.

Primero les conduje a enfrentarse con lo objetivo: los 3.000 €. Hablamos de ellos para que les atribuyeran el valor real que tenían. Enseguida comprendieron que esta cantidad de dinero (ni ninguna otra) podía pagar el deterioro que habían sufrido sus vidas.

-Es cierto –dijo él–, aunque este dinero era nuestro y nos costó ahorrarlo, hemos podido seguir viviendo sin él hasta ahora, pero, lo que más nos duele es la manera en que se han portado con nosotros: ellos eran nuestros amigos más íntimos, no había secretos entre nosotros, la confianza era absoluta, todo lo compartíamos y disfrutábamos juntos. Si nos lo hubieran pedido, hubiéramos hipotecado nuestra casa para ayudarles sin pensarlo dos veces. Nos sentimos utilizados, estafados, humillados y encima están hablando mal de nosotros a la gente que nos conoce.

Les expliqué que perdonar en muchas ocasiones es equivalente a *hacer un regalo*, pues, cada vez que alguien toma algo de ti indebidamente y lo perdonas realmente, debes sentirte como si se lo hubieras regalado.

-Así pues, ¿podríais asumir el regalarles esta suma de dinero?

Se miraron los dos un poco sorprendidos de lo que les estaba pidiendo y ella protesto:

-No creo que decir que les regalamos ese dinero resuelva nuestro problema.

-En el caso que fuera necesario hacerles este regalo, ¿estarías dispuestos a hacerlo?

Hubo un silencio y después asintieron los dos.

Seguidamente trabajamos el dejar zanjada la deuda económica: sencillamente debían confrontarse con la siguiente afirmación: "Hemos regalado los 3.000 € a nuestros amigos". El motivo de hacerlo así obedece al hecho de que en muchas ocasiones, aún después de aceptar la nueva concepción de lo que se debe hacer, el inconsciente no libera las emociones y creencias que tiene retenidas y, por tanto, no se producirá la sensación de paz y liberación después de hacer el acto de perdonar.

Al decirlo independientemente, sus mentes reaccionaban resistiéndose a asumir esta afirmación, así que, se lo demandé como tarea hasta la próxima vez que nos volvimos a ver.

Ésta fue parte de la secuencia:

-Hemos regalado los 3.000 € a nuestros amigos (afirmación).

-Nos los han robado (reacción).

-Hemos regalado los 3.000 € a nuestros amigos.

-Se los dejamos y ahora lo niegan.

-Hemos regalado los 3.000 € a nuestros amigos.

-No se lo merecen.

-Hemos regalado los 3.000 € a nuestros amigos.

-No tenemos otro remedio.

-Hemos regalado los 3.000 € a nuestros amigos.

-Es el regalo más caro que hemos hecho.

-Hemos regalado los 3.000 € a nuestros amigos.

-Ha sido el regalo menos agradecido.

Etc., etc. ...

Cuando nos volvimos a encontrar, los dos venían un poco más tranquilos después de haber conseguido asimilar la idea de haber regalado aquel dinero a sus amigos.

-Entonces –les dije–, la deuda ya está cancelada.

-Bueno... seguimos muy dolidos con ellos... –dijo él–.

Y ella amplió a reglón seguido:

-Yo les sigo odiando, y no sé si alguna vez seré capaz de dejar de hacerlo.

Ahora era necesario trabajar en el nivel emocional y la primera cuestión que debían discriminar era qué parte de responsabilidad tenía cada uno en la situación.

Los amigos habían actuado de mala fe con ellos, y este hecho pertenecía exclusivamente a sus amigos, no a ellos, aunque les hubiera perjudicado.

El que sus amigos hubieran decidido cambiar la amistad por unos cuantos euros fue su decisión, y tendrían que cargar con esta responsabilidad. El Creador ha establecido unos principios de justicia para el ser humano que son inalterables aunque muchas veces nos cueste creerlo, pero, si pudiéramos ver "toda la película", comprobaríamos como: "lo que siembras recoges". Es una ley que se cumple sin excepción. Pensar que alguien puede quitar esta responsabilidad sería tanto como tomar las atribuciones divinas, y cargar con ella es un lastre innecesario que a nadie beneficia.

Ahora bien, el odio que sentían los estafados también se encuentra bajo la misma ley y, esto significa que, cuanto más odien a sus amigos, más sufrirán las consecuencias de este odio. Y este hecho se encuentra bajo la responsabilidad de la parte perjudicada.

Los amigos podían quedarse con el dinero pero no robarles la paz del alma si ellos mismos no la hubieran perdido. Ésta es una cuestión fundamental que nunca podemos perder de vista.

Jesús enseñó mucho acerca del perdón. En la oración del Padrenuestro dejó claro que el perdón que nosotros recibimos se encuentra condicionado por el que nosotros administramos: "Porque si perdonáis a los hombres sus ofensas, vuestro Padre celestial también os perdonará a vosotros".

En otra ocasión, uno de sus discípulos estaba preocupado por los límites del perdón y la cuestión se planteó de la siguiente forma:

"Entonces Pedro se acercó y le dijo:

-Señor, ¿cuántas veces pecará mi hermano contra mí y yo le perdonaré? ¿Hasta siete veces?

Jesús le dijo:

-No te digo hasta siete, sino hasta setenta veces siete".

Es lógico que sea de esta manera si no queremos perder la paz interior, la cual, es uno de nuestros bienes más preciados, y por tanto, hemos de perdonar siempre. Con una sola vez que dejemos de perdonar es suficiente para dejar que nuestra alma sea consumida por la amargura.

Entonces les invité a devolver la responsabilidad de la acción sobre sus amigos, que era donde debía quedar, así ellos quedaban liberados de la carga de aplicar justicia.

Esta fue la secuencia del marido:

-Os devuelvo la responsabilidad de vuestra acción
(afirmación).

-Es lo justo (reacción).

-Os devuelvo la responsabilidad de vuestra acción.

-Es lo justo.

-Os devuelvo la responsabilidad de vuestra acción.

-Es lo justo (con un tono más tranquilo).

-Os devuelvo la responsabilidad de vuestra acción.

-Quiero descansar.

-Os devuelvo la responsabilidad de vuestra acción.

-Me siento más tranquilo.

En este momento ya teníamos dos aspectos resueltos: la deuda y la responsabilidad, pero, quedaba todo el daño que se habían hecho ellos mismos al permitir los pensamientos y sentimientos negativos. En su corazón aún había amargura y ésta es incompatible con la paz interior, así que, ahora debíamos sanar el dolor y el resentimiento para que pudieran ser libres de la atadura que había representado en sus vidas esta experiencia.

Les dije que había llegado la hora de enfrentarse a la aceptación, pues, si en su momento hubieran tenido la capacidad de aceptar el haber sido víctimas de una traición, no hubieran arruinado sus vidas como lo hicieron y, ésta era una cuestión que sólo les competía a ellos.

Como mostraron su aprobación y voluntad de llegar hasta el final para poder restaurar sus vidas, iniciamos una nueva confrontación para asimilar la aceptación y deshacerse de la amargura. A continuación se muestra la secuencia sintetizada que siguió la mujer:

-Acepto la traición de mis amigos (afirmación).

-Son unos hijos de puta (reacción).

-Acepto la traición de mis amigos.

-No la acepto.

-Acepto la traición de mis amigos.

-Duele mucho... mucho...

-Acepto la traición de mis amigos.

-No sé porque les llamo amigos.

-Acepto la traición de A y B.

-Para nosotros eran especiales.

-Acepto la traición de A y B.

-La culpa fue nuestra.

-Acepto la traición de A y B.

-Me siento como una imbécil.

-Acepto la traición de A y B.

-Lo que se habrán reído de nosotros.

-Acepto la traición de A y B.

-Nunca podré volver a confiar en nadie.

-Acepto la traición de A y B.

-Mi padre me engañaba y luego se reía de mí.

-Acepto la traición de A y B.

-Mi madre lo permitía.

-Acepto la traición de A y B.

-Siento mucha rabia contra mi padre.

-Acepto la traición de A y B.

-Por lo menos ya no se aprovecharán más de nosotros.

-Acepto la traición de A y B.

-Quizás nos hemos librado de un mal mayor.

-Acepto la traición de A y B.

-Mi hija tuvo un fracaso con su novio y le hice ver que había sido una buena cosa para su vida.

-Acepto la traición de A y B.

-Será mejor aceptarlo.

-Acepto la traición de A y B.

-Tengo ganas de mirar hacia delante y volver a vivir.

-Acepto la traición de A y B.

-Me siento como... si estuviera más ancha por dentro.

A estas alturas, la expresión de su cara había cambiado notablemente. Una vez que los dos llegaron a este punto, ya tenían casi todo el camino recorrido: Habían saldado la deuda, les habían devuelto su responsabilidad y se habían liberado de la amargura que llenaba sus corazones. Ahora sólo quedaba restaurar el sentimiento original. La secuencia siguiente es la que expresó el hombre:

-Vuelvo a sentir amor por A y B (afirmación).

-Es muy difícil (reacción).

-Vuelvo a sentir amor por A y B.

-No les tengo confianza.

-Vuelvo a sentir amor por A y B.

-No lo siento.

-Vuelvo a sentir amor por A y B.

-Las cosas nunca podrán ser como antes.

-Vuelvo a sentir amor por A y B.

-Me dan pena.

-Vuelvo a sentir amor por A y B.

-Si pienso en ellos creo que puedo sentir algo positivo pero rechazo su comportamiento.

-Vuelvo a sentir amor por A y B.

-Recuerdo cuando me ayudó a pintar la casa.

-Vuelvo a sentir amor por A y B.

-Lo pasábamos muy bien cuando estábamos juntos.

-Vuelvo a sentir amor por A y B.

-Hasta ese momento siempre fueron nuestros mejores amigos.

-Vuelvo a sentir amor por A y B.

-Me cuesta mucho entender cómo puede pasar una cosa como ésta, pero, pensando en el odio que hemos llegado a sentir, creo que nosotros también somos capaces de cualquier cosa.

-Vuelvo a sentir amor por A y B.

-La verdad es que ahora que ya no me siento mal con ellos.

-Vuelvo a sentir amor por A y B.

-Creo que algo puedo sentir...

-Vuelvo a sentir amor por A y B.

-No sé si es amor o misericordia...

Su armonía interior ya había sido restaurada, ahora podían volver a vivir sus vidas en paz y disfrutar de las innumerables cosas que estaban a su alcance. El hecho de volver a reanudar la amistad no es una cuestión de una sola parte, en este caso se rompió y estuvo mucho tiempo "pudriéndose" lo que de valor había. Ellos lo habían limpiado, pero la otra parte posiblemente no.

El último día que estuve con este matrimonio me dijeron por propia iniciativa que no iban a forzar las cosas, pero, en la primera oportunidad que tuvieran les harían saber a sus ex amigos que por su parte estaba todo arreglado.

¿Hay algún sistema para protegernos contra las malas acciones que otros puedan hacernos?

Cuando me hacen esta pregunta me gusta volver al Maestro, él dio una pauta a seguir para que interiorizáramos un aspecto esencial del Amor asimilándolo como forma de vida. Al hacerlo, es poco probable convertirse en víctimas de la frustración, el disgusto, la impotencia, la rabia y en definitiva el sufrimiento que comportan nuestras reacciones negativas. Por otra parte, el vivir de este modo nos ayuda a mantener la buena salud de las relaciones, y superar los malos momentos que puedan ocasionar las miserias humanas.

Las palabras de Jesús en el famoso Sermón del Monte se formularon como sigue:

"Vosotros habéis oído que se dijo: Ojo por ojo y diente por diente. Pero yo os digo: No resistáis al que os haga mal. Si alguien te da una bofetada en la mejilla derecha, vuélvele también la otra. Si alguien te pone pleito para quitarte la capa, déjale también la camisa. Si alguien te obliga a llevarle la carga un kilómetro, llévasela dos. Al que te pida, dale; y al que quiera tomar de ti prestado, no le vuelvas la espalda".

La enseñanza de estas palabras sigue el principio de *no pagar con la misma moneda* cuando alguien nos hace algo que nos disgusta. Se trata de abrirse a una nueva concepción de las relaciones humanas. En la antigüedad la aplicación de la justicia era muchas veces desproporcionada, por esa razón, se estableció la ley del talión (ojo por ojo y diente por diente), para fijar un límite al castigo y no permitir que superase el daño recibido. Pero Jesús enseñó que aún es mejor dar un paso más y sustituir la ley del talión por la del amor. De esta manera, el objetivo no es doblegar la voluntad del que hace mal, sino, ganar su corazón.

El Maestro presenta cuatro ejemplos diferentes: la ofensa a la dignidad personal, el perjuicio sobre los propios bienes, el agravio o abuso sobre la libertad individual y la demanda interesada.

Al responder de la manera que nos indica, pueden asegurarse cuatro cuestiones fundamentales para no convertirse en víctima emocional de la parte agresora y mantener la paz interior:

1. Se deja siempre toda la responsabilidad sobre la persona que ejecuta el hecho permaneciendo libres de la amargura, el sentimiento de culpa y la responsabilidad de odiar a alguien.

2. Se acepta cualquier acción contra nosotros sabiendo que la verdadera justicia actuará en su momento mejor de lo que podríamos hacerlo reactivamente.

3. Se entrega otro tanto al que quiere sacar algo de nosotros, liberándonos del apego a las cosas que el otro valora, lo cual, deja de hacernos vulnerables.

4. Se aprovecha la oportunidad para mostrar el Amor al que nos trata con menosprecio, permitiendo que pueda ser ganado por él.

Al ofrecer la otra mejilla, entregar la camisa, llevarle la carga otro kilómetro, o atender a su petición interesada, estamos ayudándole a que su mente se abra a la reflexión y al cambio, pues, al canalizar el Amor hacia el ofensor, éste tendrá que enfrentarse y responder no ante nosotros, sino, ante el Amor y, no hay otra cosa más poderosa para fundir un corazón duro que el Amor. La experiencia siempre ha demostrado que la violencia engendra más violencia y el amor más amor.

De esta manera la ofensa se neutraliza, consintiendo en que el ofensor alivie su carga, ya que, cuando una persona tiene la necesidad de ofendernos, es señal de que en su interior se siente mal, no necesariamente quiere decir que nosotros somos indignos. Nuestro valor no cambia cuando alguien nos falta al respeto, quien se pone en evidencia realmente es él, pero el acto de amor es facilitar que su corazón se libere de lo que le oprime.

Cuando alguien quiere apoderarse de un bien que nos pertenece y le facilitamos otro tanto, estamos mostrándole que le valoramos por encima de las cosas que poseemos. Muy posiblemente nunca nadie le ha tratado así, por esa razón las cosas materiales le son tan necesarias.

En el caso de sufrir un abuso contra nuestra libertad o derecho y responder de forma generosa transformándolo en un regalo, invertimos la dignidad de su acción y pasamos de ser su víctima a convertirnos en su benefactor, concediéndole la oportunidad de cambiar su sentimiento de insensibilidad por otro de gratitud.

Si la cuestión es que alguien se acerca a nosotros de forma interesada para demandarnos algo que necesita, nunca estará demandando lo mejor de nosotros, sino, algo que tiene un valor relativo, pero al entregárselo, nos ha concedido la oportunidad de ayudarle y a su vez, de alcanzarle con nuestro amor y, esto sí que es lo mejor de nosotros.

Al cambiar la actitud de resistencia por la de aceptación y generosidad no pueden dañarnos, porque nuestro límite siempre estará más allá de su acción. Esencialmente, cuando actuamos así, hacemos de manera semejante a cómo Dios hace con nosotros: Él nos da de gracia, sin que hagamos méritos para ello y aunque no seamos agradecidos, su generosidad no se agota porque su límite se encuentra más allá.

Un técnico entró en una empresa importante para ocupar una vacante de ejecutivo, aquella incorporación despertó algunas envidias, sobre todo en uno de los mandos intermedios que era veterano en la empresa y había deseado mucho aquel puesto. Pronto este empleado comenzó a hacer campaña en contra de su superior para desacreditarlo, sin embargo, algunos de sus compañeros que habían tomado aprecio al ejecutivo fueron a avisarle de lo que ocurría a sus espaldas y, aún llegaron a sugerirle que sería de beneficio para todos que propusiera un cambio de departamento para aquel mando intermedio. Él les respondió:

-Hasta ahora nunca he actuado en contra de cualquiera que ha deseado perjudicarme y la vida me ha traído hasta aquí. No sé lo que ocurrirá en esta ocasión, pero como otras veces, voy a dejar que las cosas fluyan en la dirección que han de hacerlo, estoy seguro que Uno superior a nosotros las conduce.

Pasando el tiempo, el ejecutivo tuvo que irse de la empresa porque su competencia fue puesta en entredicho y, esta vez, no buscó otra empresa del sector de la manufacturación para seguir ejerciendo su profesión. En su corazón había una nueva orientación: había decidido trabajar con las personas y no con los componentes de las maquinas. Desde entonces, miles de personas han recibido bien a través de su labor. En cuanto al que codiciaba y consiguió su puesto de trabajo, no pudo disfrutarlo por más de dos años. Volvió a funcionar el principio: lo que das, recibes.

7: Recibiendo
el Amor

> El amor es lo que Dios creó en la tarde del séptimo día, para dar movimiento y vida a toda su obra anterior.
>
> **Hnos. Goncourt.**

Para poder sentir la presencia del Amor es necesario aumentar el nivel de conciencia saliendo de la inercia en la que vivimos la mayor parte de las personas. Vivir con conciencia significa darme cuenta de lo que pienso, siento, experimento y, en definitiva, vivo. Al aumentar más el nivel de conciencia, mi cuerpo y mi mente se silencian y puedo percibir una energía que trasciende a ellos, es la presencia del Amor.

La gente suele asociar el amor a una serie de sensaciones satisfactorias que un objeto determinado es capaz de inspirarle o provocarle. Si por alguna razón deja de sentirlas, mirará hacia otro lado para encontrarlas de nuevo. Entonces, ocurre que en otro lado encuentra otro espejismo de amor, pero no el Amor. El Amor sólo se revela en el interior de las personas por sí mismo, y ésta es la gran diferencia con los demás amores. Cuando una persona es capaz de experimentarlo siente plenitud y nunca deja de sentirlo, aunque las circunstancias que le rodean cambien. Entonces es cuando no demanda de los objetos externos el Amor, porque ya lo tiene en su corazón y, de manera natural puede compartirlo.

Sentir la presencia del Amor es una experiencia interior que requiere la no interferencia de la mente, con todo su material acumulado del pasado, las expectativas sobre el futuro, o cualquier otra cosa que pueda provocar estimulación, deseo o impulso. Si fuera así, el Amor no sería una energía con entidad propia, sino *algo* dependiente de *algo o de alguien*, y volveríamos a estar con la misma necesidad que en cualquiera de los amores. Por eso decía Jesús que "el que toma de ese agua nunca más vuelve a tener sed".

El Amor no es la persona amada. El Amor es independiente de la persona amada, superior a la persona amada, el Amor existe aunque no esté la persona amada, es eterno y siempre ha estado ahí, y lo seguirá estando. Nada lo puede hacer cambiar, ni las personas por acercarse o alejarse, ni las circunstancias que lo hacen favorable o lo dificultan. El Amor es inmutable, dispuesto a fluir en el momento en que alguien conecte con él y abra el canal que alcanza a su ser interior. Fluye y llena a cambio de nada, no hay que pagar grandes sumas ni tomar compromisos, ni esfuerzos. Solamente conectar con él.

La gente lo anda buscando consciente o inconscientemente. Confían en personas que les prometen alcanzarlo para vivir sus vidas con éxito y plenitud si hacen determinadas cosas que confunden más que iluminan. Los preceptos, las normas, los cantos, las oraciones, las limosnas, los sermones apasionados, los cultos y las ceremonias, no son el Amor ni pueden darlo. Todo ello por sí mismo puede no conducir a nada profundo y auténtico porque son cosas externas que poco tienen que ver con la experiencia espiritual del Amor. Jesús lo decía a los religiosos de su época y Pablo a los cristianos de Corinto. Pero las personas asumen todo eso porque les da seguridad. Sin embargo, sus vidas siguen con las mismas cargas y carencias que antes tenían. Las buenas intenciones, las promesas, los compromisos, los sacrificios y los esfuerzos por crecer espiritualmente y cumplir con los requisitos de un buen fiel no cambian el ser interior de las personas. He visto tantas veces a personas declarar su amor a Dios, o bien declararse amor las personas entre sí, llenas de emoción y sinceridad, que se debería producir un cambio cualitativo en ellas, pero pasado el primer momento las cosas han seguido igual.

En cambio he conocido personas sencillas, dentro y fuera de estos contextos, que son capaces de discriminar entre lo profundo y lo formal, las cuales van a la Fuente del Amor cada día y se llenan. Sus rostros lo reflejan, sus vidas lo manifiestan, por donde pasan ejercen un magnetismo que atrae a las personas, las sosiega, las inspira y les hace bien. No necesitan hacer alarde de nada, sólo seguir su camino, y quienes se crucen con ellas dirán que han conocido un ángel.

Muchas personas se relacionan con Dios por medio de la oración. A través de ella le expresan su reconocimiento, gratitud y peticiones; una parte de ellas, además, ha aprendido a meditar en el silencio y recibir los dones que el Cielo les regala, dedican tiempo para reflexionar sobre sus vidas, y consiguen llenarse de la esencia divina que es el Amor, transformando así sus vidas e irradiándolo hacia los demás.

Solo hay una vía de cambio, que realmente transforma a las personas, y es de adentro hacia afuera, nunca al revés. Lo externo, si es auténtico, sólo será una manifestación de lo interno, que a su vez deberá ser coherente con el resto de la vida de la persona.

Cuando una persona conecta con el Amor y lo experimenta dentro de sí, entonces es realmente libre de lo que antes necesitaba para llenar su vida, de la borrachera de la sociedad que hemos construido, de la envidia y de los temores, de todo aquello que le movía de acá para allá. Sólo al sentir el Amor es cuando desaparecen las demás necesidades y el ser humano deja de ser dependiente de lo que le rodea.

Preparándonos para recibir el Amor.

Para abrir nuestro ser interior a la Fuente del Amor es necesario crear las condiciones adecuadas, pues, cuando nuestra mente se encuentra agitada generando pensamientos de forma compulsiva, es muy difícil poder percibir y recibir el Amor. Se requiere un estado de recogimiento y de calma interna para que nuestra atención se centre en el Creador, el cual nos inundará de su energía esencial.

Tal como se ha indicado en el apartado anterior sobre *la manera de desarrollar la autoconciencia* y, hasta que adquiramos una cierta práctica, es conveniente seguir el proceso de comenzar tomando conciencia de nuestro cuerpo y permitir que se vaya relajando, para seguir serenando la mente y conseguir un estado de calma interna, en el que los pensamientos no pugnen por salir impidiéndonos centrarnos en lo que deseamos.

Los conflictos y preocupaciones de la mente junto con el estrés de las actividades que realizamos, cargan sobre nuestro cuerpo en forma de tensiones. Éste tiene que soportarlo hasta el límite de su resistencia y, a partir de entonces, comienza su deterioro. Las enfermedades psicosomáticas son el ejemplo más claro de las consecuencias que sufre nuestro cuerpo por causa de las emociones negativas, las cuales, se ahogan en él a través del sistema nervioso que cada vez se encuentra más alterado e hipersensible, respondiendo peor y más descontroladamente.

Como la pauta a seguir ya ha sido explicada, sólo deseo hacer énfasis en la importancia de dedicar un tiempo a la *observación pasiva* de nuestros pensamientos antes de comenzar a disponernos a recibir la energía del Amor. Hemos de proponernos aceptar cualquier pensamiento tal cual nos lo dé nuestra mente, dejándolo desfilar por delante de nuestra conciencia sin reprimirlo, ni razonarlo, ni evitarlo, ni justificarlo, ni interactuar con él de ninguna manera. Solamente aceptarlo, porque un pensamiento, sólo es un pensamiento y, la única manera efectiva en la que no secuestrará nuestra conciencia, enredándonos en un juego inútil, es a través de su aceptación.

Imaginémonos que nos encontramos ante una pantalla (nuestro consciente) en la que van apareciendo por un extremo una serie de imágenes y pensamientos (que proporciona la maquina de nuestro inconsciente), los cuales, cruzarán la pantalla y desaparecerán por el extremo opuesto. Esto sucederá de esta manera si no intervenimos, pues, en el caso de hacerlo, la imagen o el pensamiento que ha captado nuestra atención va a crecerse, y tomará toda la pantalla resistiéndose a desaparecer, inhibiendo nuestra libertad. Así hay personas que pueden pasarse el día o la noche pensando en lo mismo, simplemente porque se resisten a aceptar determinados pensamientos. La resistencia a la aceptación es el mejor anclaje para que un pensamiento no deje de atormentarnos.

Vino a verme una mujer joven que estaba sufriendo un notable estado de ansiedad a causa de unos pensamientos que la obsesionaban. Tomaba medicación, pero así y todo, no podía realizar su trabajo puesto que su mente no se centraba en lo que hacía.

La cuestión era que a causa de una experiencia insignificante se le había desarrollado la duda de si era o no lesbiana. Ella tenía una relación con un joven con el que quería casarse y ahora se encontraba en un tremendo conflicto por no tener la seguridad de ser heterosexual tal como antes se sentía. Cuanto más intentaba luchar contra aquellos pensamientos, más ansiedad sentía y más le obsesionaba la duda.

Después de conocer el problema le indiqué que debía aprender a desvincularse de su mente para poder resolver aquel conflicto. Lógicamente ella no sabía en aquel momento ni lo que le estaba pidiendo ni cómo podía conseguirlo, pero con mucha atención siguió el planteamiento que le estaba haciendo de tomar perspectiva de su mente. Para poder conseguirlo era necesario que ella se convirtiera en una observadora pasiva de su propia mente, esto significa que debería tomar conciencia de sus pensamientos aceptándolos y observándolos sin más: Sin hacer ningún juicio de valor, sin reprimirlos, sin razonar con ellos para cambiarlos. Sencillamente aceptarlos tal cual y observarlos hasta que cada pensamiento fuera sustituido por otro.

Ahí es donde ella se rebeló a mi propuesta:

-"¿Me está diciendo que debo aceptar la posibilidad de que sea lesbiana?"

-Sí, exactamente esto -le respondí-. Un pensamiento no es una realidad, nuestra mente emite durante el día miles de pensamientos de todo tipo que nada tienen que ver con la realidad, esto forma parte de la actividad psíquica normal. El problema se presenta cuando nos convertimos en víctimas de ellos.

Siguió protestando:

-"Si acepto estos pensamientos tengo miedo de convertirme en lesbiana".

-Este es un miedo absurdo -le volví a responder-, cuando estamos en un estado de conciencia, ningún pensamiento puede apoderarse de nosotros, y mucho menos convertirnos en algo que no somos.

La mejor forma de quitarle el poder que los pensamientos pueden tener sobre nuestro ser es desvincularnos de ellos y asumir que nuestro Yo (la esencia espiritual de nuestro ser) es más que nuestra mente, por tanto, lo propio es que ella esté a nuestro servicio y no al contrario.

Después de hablar largamente del tema, ella aprendió lo que significaba centrar su atención en sus pensamientos pero con la conciencia de ser dos cosas diferentes. De forma similar ocurre cuando centramos la atención en nuestro cuerpo y nos damos cuenta de que nosotros no somos nuestra mano. Ésta forma parte de nosotros, pero podemos abstraernos de ella. Cuando nos encontramos en la inercia de la inconsciencia no podemos distinguir una cosa de la otra, pero sí en el estado de conciencia: Ahí esta nuestra mano con las sensaciones que en aquel momento tengan una incidencia sobre ella, y aquí estoy Yo como ser que trasciende a la mano.

Aquella mujer se comprometió a trabajar cada día en lo que le había enseñado. Me explicaba más tarde, que los pensamientos de su identidad sexual al principio acaparaban todo su espacio mental y se sucedían como si sólo existiera aquel único tema en su vida. Pero ella siguió fielmente las indicaciones que le di y no luchó más contra ellos, ni intentó cambiarlos, ni usó cualquier otro recurso para deshacerse de ellos; solamente los observaba tal como iban desfilando delante de su conciencia. Al cabo de dos semanas ella había dejado de tomar medicación y decía que su pesadilla ya estaba acabando. La frecuencia y la intensidad de los pensamientos habían disminuido progresivamente y le permitía volver a la vida y disfrutar de las cosas que hacía anteriormente.

La actitud para crear esta desvinculación es similar al que se asoma a la ventana de su apartamento y mira la calle y ve pasar los automóviles. No entra en conflicto con ellos, sólo los observa y va dándose cuenta de su color y tamaño, pero ninguno de ellos le genera ningún tipo de emoción negativa porque acepta lo que ve. Los pensamientos pueden producir emociones negativas cuando entramos en conflicto con ellos y nos resistimos a aceptarlos. En este momento, les estamos dando un determinado poder sobre nosotros, cuanto más nos resistamos, más poder les atribuiremos, mientras que, al aceptarlos, tal como vienen se van sin dañarnos ni tomar el control de nuestra mente. Cuando un pensamiento negativo produce una emoción negativa, ésta alimenta y predispone la repetición del mismo pensamiento o de otro relacionado con él. A partir de ahí puede comenzar una espiral de pensamientos y emociones, que no será fácil de controlar si no es por medio de la aceptación.

Sentir la presencia del Amor.

El Amor lo podemos sentir en nuestro interior de forma espontánea o voluntaria. En el primer caso, una persona puede encontrarse experimentándolo sin haber hecho nada específico por su parte, simplemente porque el Amor le ha alcanzado. Otras veces la persona tiene inquietudes y lo busca y, el Amor se le manifiesta y establece su presencia en su interior, pero pasando un tiempo, sólo le quedan las formas que ha desarrollado al estar en contacto con el Amor, pero éste, no tiene el control sobre su vida; es lo que podríamos llamar el *efecto gaseosa*.

En el segundo caso, la persona ha comprendido la importancia del Amor en su vida, lo imprescindible de ir a su encuentro diariamente y, del alcance que esto puede tener para disfrutar de la salud, la armonía y la plenitud, irradiando su influencia a todas aquellas personas que se relacionen con ella. Así pues, comienza una relación con el Amor; no con un amor, sino entre ella y el Amor.

Para sentir el Amor en nuestro interior es necesario *abrir el corazón* para recibirlo, no la mente con sus prejuicios y razonamientos que nos llevan a perder cosas de inestimable valor. Aquí es donde muchos me preguntan: ¿Cómo se abre el corazón al Amor cuando no ves ni sientes nada? Ésta es una buena pregunta que intentaré contestar.

Un día estaba realizando una terapia de grupo en una residencia que se encontraba en un pueblo de montaña, en mitad del programa que estábamos trabajando les invité a salir al campo para enseñarles algo muy interesante. Ya en plena naturaleza, les pedí que conectaran con todo lo que veían. Miraron a su alrededor como los que habían perdido algo y no sabían qué responderme. Estaban tan inmersos en sus problemas que eran incapaces de ir más allá del bombardeo de sus mentes.

Les pedí que observaran los diferentes colores de la naturaleza que les rodeaba, no fue difícil, enseguida comenzaron a enumerarlos. Después les indiqué que centraran su atención en todos los tonos de color verde que fueran capaces de diferenciar. Pronto comenzaron a discriminar entre unos y otros y los fueron describiendo. Seguimos con los cantos de los pájaros, los matices de luz y sombras que podían apreciarse, la brisa, los distintos perfumes que podían percibirse...

Al cabo de un tiempo todos estábamos inmersos en la naturaleza, ésta entraba por nuestros sentidos y llegaba a nuestro corazón haciéndonos experimentar sensaciones y sentimientos. Cuando pensé que se había cumplido el objetivo, di el ejercicio por terminado y les fui preguntando uno por uno por sus males. La sorpresa fue unánime, nadie tenía conciencia de ellos en aquel momento. Habían sido capaces de abrir sus sentidos y sus corazones a la riqueza y armonía de la naturaleza y experimentado su energía sanadora.

Para sentir el Amor en nuestro interior, es necesario *abrirse a recibirlo* y un buen modo de hacerlo es por medio de la meditación. Esto significa desearlo, hacer el acto de voluntad de conectar con su Fuente, aprender a percibirlo, y tomar conciencia de su presencia.

Cada persona puede desarrollar su forma particular de relación con el Amor, pero una manera sencilla y práctica de hacerlo puede ser la siguiente:

Teniendo en cuenta la facilidad que tiene nuestra mente para desviarnos del tema cuando realizamos cualquier trabajo interior, es muy efectivo asociar nuestra atención a una actividad natural de nuestro organismo como es la respiración. La respiración se efectúa de manera automática e inconsciente, pero también podemos hacerla consciente e implicar en esta práctica la totalidad de nuestro ser. El beneficio recibido será físico, anímico y espiritual:

Al respirar de manera lenta y profunda (respiración abdominal) la sangre se enriquece con una mayor aportación de oxígeno, se elimina más dióxido de carbono, las tensiones musculares se liberan experimentando un alto grado de relajación y muchas funciones orgánicas mejoran sensiblemente.

Una vez nuestra respiración es consciente y ocupa la totalidad de nuestra atención, incorporamos las facultades anímicas: En primer lugar, realizamos el acto de voluntad de conectar con la Fuente del Amor, esto significa creer que desde este momento me encuentro en su presencia. Es similar a salir de casa en un día nublado, no puedo ver el sol aún pero no tengo ninguna duda de que está ahí.

En segundo lugar, uso un recurso anímico para facilitar la toma de conciencia: la expresión de la idea de lo que voy a recibir y la asocio a la secuencia de la respiración. Por ejemplo, en el momento de inspirar el aire y mientras los pulmones se van expandiendo, interiormente expreso: "Recibo el Amor" (cualquier expresión similar o ampliada es válida). En el momento de la expiración siento como la ola de esa energía se extiende por todo el resto de mi ser. De la misma manera lo sigo haciendo en las sucesivas respiraciones.

Al realizar esta sencilla acción estoy abriendo un canal a través de mi mente que la trasciende para conectar mi espíritu con el Amor y ser inundado por él. Conforme lo voy haciendo, el espíritu toma más y más conciencia consiguiendo una experiencia de plenitud. No hay que hacer ningún esfuerzo ni sacrificio especial. Es similar a cuando alguien va a la playa y desea broncearse, sencillamente se expone a los rayos del sol y sabe que ocurrirá. Es algo natural.

Una de las personas que se propuso practicar este ejercicio después de haber asistido a un encuentro especial de fin de semana, me dijo lo siguiente al cabo de unos tres meses cuando volvimos a coincidir en otro encuentro.

-Soy una persona que llevo asistiendo regularmente a una iglesia más de 15 años, he estado por años muy integrado colaborando en diferentes actividades, he estudiado la Biblia y he asistido a cursos y retiros para el crecimiento espiritual. Me gusta el culto dominical, los cantos, las oraciones y escuchar el sermón, pero tenía muy asumido que mi vida era como era. Muchos domingos salía inspirado, con alegría interior por lo que había recibido, sin embargo el lunes ya volvían a ser las cosas como la semana anterior.

Cuando le escuché quedé un poco desconcertado e intrigado, nunca había escuchado hablar del Amor, de su presencia, de su trascendencia y como alcanzarlo de una manera tan práctica, así que, decidí probar y he dedicado un tiempo cada día a meditar en el Amor.

Estoy realmente impresionado de lo que está ocurriendo en mí y creo que sólo es el principio, antes *estaba con* el Amor pero ahora *vivo en* el Amor.

Algunas cuestiones prácticas.

Lo más conveniente es comenzar por un corto tiempo cada día e irlo incrementando conforme sintamos la motivación y la capacidad para hacerlo. Pueden ser cinco minutos al principio, no importa, si lo hacemos tal como se ha descrito, ya es un pequeño logro que nos permite seguir progresando.

Es posible que las primeras veces que se intente hacer no se consiga disfrutar de una experiencia intensa. Hay personas con más facilidad que otras para el trabajo interior y espiritual, por eso nadie debería desanimarse en el comienzo. Si alguien probara un par de veces y no consiguiera el resultado deseado y lo dejara, sería una evidencia de que aún no ha valorado suficientemente la importancia de la presencia del Amor en su vida, y por tanto no lo desea con fuerza. Desearlo realmente es un ingrediente imprescindible para poder alcanzar y vivir en el Amor.

Recuerdo haber enseñado este ejercicio en un grupo de crecimiento personal y al cabo de unas semanas me encontré con una de las personas que habían asistido, le pregunté como le iban las cosas y aproveché para interesarme por el resultado del ejercicio. Me dijo que lo había hecho alguna vez pero que se le pasaban los días y aunque quería hacerlo no lo conseguía.

Le pedí entonces que me dijera algunas de las cosas que hacía habitualmente todos los días. Inmediatamente me fue enumerando una serie de actividades que hacía sin saltarse ningún día. Seguidamente le pregunté que dónde pensaba que tenía el problema, pues, cada día realizaba muchas cosas que ni siquiera se había propuesto hacer conscientemente y, una que según ella quería hacer, se le pasaban los días y no la hacía. Se quedó pensando por unos momentos y luego me dijo: "Es que no la tenía encajada". Con ello se refería a que no estaba incorporada a la rutina diaria.

No se vive de rentas con el Amor, el que pueda pensar que con una vez que lo experimente su vida será cambiada y ya no tendrá que ocuparse más de buscar su presencia y llenarse, está muy equivocado. Tampoco es válido tener un encuentro semanal con el Amor, hay mucha gente que lo vive así, pero sus vidas siguen prácticamente igual, sólo hay que observar sus estados de ánimo, sus reacciones ante las diferentes situaciones de la vida y aquello que transmiten inconscientemente a los demás. Cuando una persona está en la presencia del Amor habitualmente y se llena de él, durante el día transpira Amor en todo lo que hace, no puede ser de otra manera.

Ampliando su aplicación.

Siguiendo la pauta del ejercicio propuesto anteriormente, en el que se asocia el recibir el Amor con la función orgánica de la respiración, puede aumentarse el beneficio cuando se ha adquirido cierta práctica. Se trata de asociar a los dos tiempos de la respiración dos funciones anímicas complementarias: en la acción de inspirar se sigue recibiendo el Amor ("estoy recibiendo el Amor", "me estoy llenando del Amor"), pero en la acción de expirar se libera cualquier emoción negativa de la que se tenga conciencia, por ejemplo: "libero tristeza", o "libero envidia". De esta manera, el efecto es mucho más completo, más profundo y sanador.

Objeciones.

Como suele ocurrir, alguien podrá argumentar en contra de esta práctica diciendo que es sólo sugestión y al final una persona puede creer que siente algo sin sentirlo. Esto se llama "efecto placebo" y ocurre así cuando la persona tiene una creencia sobre algo que no existe, el efecto placebo tiene unas limitaciones ya que su efecto depende de la fuerza de la creencia. Pero en este caso, el Amor es real, su Fuente también, y toda persona que conecta con el Amor y se llena de él, su vida cambia de forma consistente, sin limitaciones a las circunstancias que tiene que enfrentar, porque no es una creencia sino una nueva energía que actúa en su interior y a través de él.

Al realizar la práctica de centrar la atención en la idea de estar recibiendo el Amor no es otra cosa que abrir un canal espiritual en nuestro ser que se encuentra sin desarrollar.

Recuerdo que tuve una experiencia muy interesante. Mi oído musical cuando era niño era nulo, de adolescente hice dos cursos de música y mejoró algo aunque siempre ha sido muy pobre. En cierta ocasión estaba con un amigo escuchando un grupo musical y él quería que yo apreciara las notas del bajo. Intenté poner atención pero era incapaz de escucharlo, él insistió y hasta tarareó su interpretación, pero yo seguía sin apreciarlo, todo se me confundía en un solo sonido.

Después de separarnos, en los siguientes días volví a escuchar aquella música pero diciéndome a mí mismo que escuchaba el bajo entre los demás instrumentos, la primera vez no cambió nada, pero seguí intentándolo por más días; progresivamente, comencé a percibirlo hasta que puede discriminarlo perfectamente. Lo probé con otros instrumentos del grupo y también pude hacerlo. Cuando volví a encontrarme con mi amigo, él pudo comprobar que realmente era así.

No era sugestión sobre algo que no existía y podía llegar el momento de creerme que escuchaba una melodía irreal. Sencillamente desarrollé una capacidad que estaba inhibida. Creí en ello, mantuve mi atención en el objetivo y terminé por discriminar un instrumento de los demás.

Otros quizás puedan contraponer diferentes argumentos para justificar el no realizar esta práctica y, como lo he visto en muchas ocasiones acaba pasándoles lo de aquella antigua fábula: Había dos liebres que estaban tranquilamente tomando su alimento en un prado cuando a lo lejos se escucharon ladridos de varios perros. Una de las liebres le dijo a la otra:

-Vienen los galgos de caza.

A lo que la segunda le contestó:

-No son galgos, son podencos.

-Estoy segura que son galgos. Le replicó la primera.

-Pues estás equivocada, son podencos.

-Galgos.

-Podencos.

-Galgos....

Así estuvieron discutiendo un largo tiempo, tan largo que llegaron los perros y mataron a las liebres.

La discusión inútil sobre la conveniencia o no de pasar a la práctica entraña una resistencia inconsciente, en la que desconocemos su verdadera causa. El resultado es que siguen con sus vidas vacías del Amor, aunque hablen mucho del amor y en ocasiones lo experimenten como experimentan otros sentimientos contrarios cuando las cosas se tuercen.

Sólo hay que probarlo, es tan sencillo como dedicar un tiempo cada día hasta experimentar la plenitud, luego ya no es necesario ejercer voluntad para continuar, la motivación para volver a experimentarla ya está creada, y cada día se renueva a causa de los cambios que se experimentan. Vendrá un momento en que el Amor se habrá convertido en la energía esencial de nuestra vida.

Amándose a sí mismo

Es lo que estamos condenados a buscar en los demás cuando no somos capaces de encontrarnos a nosotros mismos.

Nuria Gorlat.

Un anciano profesor fue invitado a compartir sus enseñanzas a un grupo de profesionales, en un momento de la conferencia, abrió una caja grande y sacó un frasco de cristal, grande con la boca ancha. Lo colocó sobre la mesa, y junto a él esparció unas cuantas piedras del tamaño de un puño y preguntó:

-¿Cuantas piedras piensan que caben en el frasco?.

Después de que los asistentes hicieran sus conjeturas, empezó a meter piedras hasta que llenó el frasco. Luego preguntó:

-¿Está lleno?

Todo el mundo lo miró y asintió.

Entonces sacó de debajo de la mesa un cubo con gravilla. Metió parte de la gravilla en el frasco y lo agitó. Las piedrecillas penetraron por los espacios que dejaban las piedras grandes. El experto sonrió con ironía y repitió:

-¿Está lleno?

Esta vez los oyentes dudaron:

-Tal vez no.

-¡Bien! Y puso en la mesa un cubo con arena que comenzó a volcar en el frasco. La arena se filtraba en los pequeños recovecos que dejaban las piedras y la grava.

-¿Está lleno? preguntó de nuevo.

-¡No!, exclamaron los asistentes.

Bien, dijo, y cogió una jarra de agua de un litro que comenzó a verter en el frasco. El frasco aún no rebosaba.

-Bueno, ¿qué hemos demostrado?, preguntó.

Un alumno respondió:

-Que no importa lo llena que esté tu agenda, si lo intentas, siempre puedes hacer que quepan más cosas.

-¡No!, –concluyó el experto–, lo que esta lección nos enseña es que si no colocas las piedras grandes primero, nunca podrás colocarlas después. ¿Cuales son las grandes piedras en tu vida? Tú, tu crecimiento interior, tu familia, tus amigos, tus sueños...

Recuerda, ponlas primero. El resto encontrará su lugar.

Cuando amamos a otras personas, estamos dando parte de lo que somos, si esa parte contiene Amor, lo experimentaremos en nosotros mismos y lo estaremos compartiendo con los demás. En el caso de no amarnos a nosotros mismos, daremos alguna forma de egoísmo disfrazada de amor.

Algunos confunden el amor hacía sí mismo con el egoísmo y piensan que para no ser tildados de egoístas deben maltratarse y, con ello, hacer méritos espirituales. Jesús a menudo se identificaba con la Fuente del Amor y, por supuesto, nunca pudo menospreciarse a sí mismo. También enseñó que el segundo mandamiento era *amar al prójimo como a uno mismo.* Por lo tanto, el que entregara su vida por amor a los demás, no significa que no amara la suya, sino que hizo un regalo de valor incalculable.

El amor hacía sí mismo es un signo de salud emocional, de equilibrio y madurez personal. Cuando alguien piensa que por poner atención y trabajar en la propia autoestima una persona se volverá egocéntrica, vanidosa, engreída o prepotente se equivoca, pues, la autoestima es como la salud, no por cuidar de ella una persona tiene más salud de la cuenta; sino que, la salud es el estado natural cuando en la persona todo está bien. Si algo no lo está, entonces la salud va a menos pero nunca a más. Las diferentes manifestaciones de orgullo que tienen las personas no son un exceso de autoestima, sino una carencia de ella, compensada para no sentirse mal consigo misma.

¿Qué es la autoestima? Es el valor que me doy a mí mismo por ser quien soy, tanto en lo físico como en lo anímico. Dependiendo de esta autovaloración desarrollaré una autoimagen que determinará una actitud y sentimientos respecto a mí mismo.

Cuando se habla de baja autoestima, no es más que una concepción miserable de nuestro ser que nos condiciona para sentirnos bien con nosotros mismos, para desarrollar y beneficiarnos de todo nuestro potencial, y nos causa numerosos problemas en nuestra vida y en las relaciones con los demás. Esta carencia es más común de lo que pueda parecer, en general todas las personas en su etapa de infancia han sufrido algún tipo de menosprecio que han interiorizado atribuyéndoselo personalmente.

La infancia es la etapa de nuestra vida en que se construye nuestra valoración personal. Los niños dependen primeramente de sus padres y, dependiendo de la relación que se establezca entre unos y otros resultará en una buena o mala base para desarrollar la autoestima. Otras personas irán influyendo progresivamente en este desarrollo: hermanos, profesores, compañeros de la escuela, amigos y otros adultos; cada cual aportará su grano de arena para ir reforzando o debilitando el concepto del niño sobre sí mismo. Por el camino tendrá que enfrentarse a circunstancias en que podrá sentirse inferior a otros, juzgado, menospreciado, ridiculizado, o por el contrario, admirado, reconocido y muy satisfecho consigo mismo por todo lo que significa para los demás y es capaz de lograr.

Abraham Maslow, prestigioso psicólogo americano que investigó sobre la motivación, descubriendo la famosa *jerarquía de necesidades* diseñó la conocida pirámide de la autorrealización. Dijo:

"Sólo podemos respetar a los demás cuando uno se respeta a sí mismo. Sólo podemos dar, cuando nos damos a nosotros mismos. Sólo podemos amar, cuando nos amamos a nosotros mismos".

Las personas con baja autoestima se convierten en seres muy dependientes de los demás para sentirse bien, llega un momento en que no son libres para hacer su vida, necesitando constantemente la aprobación ajena, este hecho afecta profundamente su estabilidad emocional y su rendimiento personal en cualquier situación, volviéndose muy susceptibles a cualquier cosa que les digan o hagan, que afecte o interpreten que afecta a su dignidad y valoración. En el momento en que ésta queda en entredicho reaccionan mal con los demás o consigo mismos. Como nunca pueden tener todo lo que les rodea bajo su control, es evidente que son víctimas de un problema importante.

Kathleen Keating, iniciadora de la terapia del abrazo, escribió lo siguiente referente a la autoestima:

"No puedes dar al prójimo más amor del que eres capaz de darte a ti mismo.

Bríndate la misma calidad de comprensión que dispensas a los otros.

Profundiza tu capacidad de juzgar con bondad y sabiduría las luchas de tu propia vida.

Todo aquello que rechazas en tu persona, también te causará rechazo en los otros.

Si eres poco comprensivo con respecto a ti mismo, ignorarás al prójimo.

Si te juzgas duramente, también criticarás a los demás.

Si sientes vergüenza, culparás a los demás.

Si no puedes perdonarte, serás implacable con los otros.

Si pierdes la fe en ti mismo, dejarás de apoyar a los otros.

Tu capacidad de entrega al prójimo refleja tu capacidad de darte a ti mismo.

El círculo de amor debe incluirte a ti. Si no es así, es preciso reparar la brecha".

Es común observar cómo una persona con baja autoestima no acostumbra a cambiar el concepto que tiene sobre sí misma aunque las personas que con ella se relacionan le expresen reconocimientos y, si el reconocimiento viene de una persona perteneciente a su círculo más íntimo, es muy probable que el efecto que le cause sea más superficial que si viene de una persona ajena a él.

El sentimiento de la propia valoración es algo muy profundo en la persona y como tal, debe cambiarse en la intimidad del ser. En este apartado no voy a relacionar una serie de pautas para mejorar la autoestima que pueden encontrarse en cualquier tratado sobre el tema, sino, a indicar algo que he visto funcionar muchas veces de manera efectiva cambiando la autoimagen negativa.

Practicando la transformación interior.

Cuando a una persona con sentimientos de inferioridad se enamora y se siente correspondida su autoconcepto mejora sensiblemente. En estos casos no ha ocurrido otra cosa que la llegada del amor, lo demás no ha cambiado en nada. Esto demuestra que el amor es el remedio de la mayoría de males y entre ellos el de la baja autoestima. Una persona con baja autoestima tiene dificultades en su ser interior para experimentar el amor hacia sí misma y, ahí es donde debe trabajarse para que pueda sentirlo plenamente. En el momento que lo consiga, todo el resto cambiará por sí sólo sin tener que realizar costosos ejercicios.

Es necesario entonces abrirse al Amor para que se experimente de forma viva en el interior, y con él y a través de él, sanar todas las áreas que han sido heridas. Por tanto, el sistema a seguir podría ser el siguiente:

En primer lugar hay que realizar el ejercicio explicado anteriormente sobre *sentir la presencia del Amor*, esto es la base para poder realizar distintas aplicaciones que puedan hacer cambios significativos a nivel profundo.

No importa lo que cueste llegar a experimentar plenamente la presencia del Amor, siempre será una inversión que habrá valido la pena. En el momento de sentir la presencia del Amor en el alma no hay nadie que se sienta inferior, la experiencia del Amor y la indignidad son dos realidades incompatibles. Así pues, el primer resultado ya se obtiene al dar este primer paso, pero es necesario seguir trabajando un poco más allá para que el tema de la autoestima quede definitivamente resuelto.

Una joven que tenía un déficit importante de visión estaba muy acomplejada, sus compañeros de estudios no la ayudaban mucho en su problema, más bien lo agravaban y era evidente que, si no resolvía por sí misma la cuestión, seguiría siendo una víctima de su ambiente. Cuando vino a recibir ayuda le pregunte si experimentaba el amor.

-Sí, en casa me quieren –respondió–.

-No es exactamente esto lo que te estoy preguntando –volví a insistir–, me gustaría saber si sientes tu corazón lleno de amor.

En este momento quedó dudando con la mirada desviada, como explorando en su interior, y al cabo de unos segundos volvió a mirarme y me dijo:

-No puedo sentir amor, me siento muy desgraciada.

Ésta era la clave, aunque tuviera una familia que le mostrara afecto y unos compañeros que le recordaban su insuficiencia, la cuestión debía resolverse en su interior. La primera que no se aceptaba era ella, y los demás la trataban de acuerdo a cómo ella lo hacía consigo misma.

En su estado no eran eficaces los razonamientos que trataran de ayudarle a ver las cosas de otra manera más positiva, eso ya lo hacía frecuentemente su familia, pero como ella decía: "Aunque estén dos horas hablando conmigo y presentándome todo tipo de argumentos para que me sienta mejor, no producen ningún efecto, pues, mi mente los acepta, pero en mi interior me sigo sintiendo igual".

Le dije que no iba a invertir tiempo intentándola convencer de nada, sólo le expliqué la importancia de experimentar el Amor en su interior:

—Vas a dejar aparte todas las cosas que te angustian y preocupan y te centrarás en abrir tu corazón para experimentar el Amor.

Ella estuvo de acuerdo y comencé a enseñarle cómo podía conseguirlo. Se sentó en el sillón, cerró los ojos y se relajó centrando la atención en su cuerpo. Luego la guié para que asumiera que estaba en la presencia de su Creador y, en esa posición, igual que podía recibir la vida cada vez que respiraba, le pedí que afirmara recibir el Amor.

—Recibo tu Amor (dijo en voz audible para que yo pudiera seguirla y luego hizo una respiración lenta y profunda).

—Recibo tu Amor (volvió a repetir la misma operación).

Repitió varias veces la misma afirmación y el tono de su voz iba cambiando progresivamente, cada vez más su voz ganaba en profundidad.

Luego vi resbalar dos lágrimas por sus mejillas, seguía repitiendo la afirmación pero apenas la oía. Su cara estaba reflejando mucha más paz.

Pasados unos quince minutos, abrió los ojos y me dijo:

—Nunca me había sentido así, es una experiencia maravillosa... es como tener todo aquello que tanto has deseado...

—¿Te has sentido inferior a alguien? —Le pregunté—.

Levantó los hombros y me dijo:

—Sólo sé que me sentía muy bien.

Quedamos de acuerdo que ella iba a practicar cada día tal y como lo habíamos hecho juntos hasta que volviéramos a vernos. Al cabo de un mes volvimos a encontrarnos para seguir completando el trabajo.

Ella había hecho su parte y era evidente que se sentía mucho mejor, las circunstancias seguían siendo las mismas, pero ella ya había comenzado a vivirlas de otra forma. Su encuentro íntimo y diario con el Amor neutralizaba los efectos de algunas situaciones que antes la hundían, el sentirse por unos minutos llena de amor cambiaba la valoración que hacia de sí misma.

Para que el encuentro diario con el Amor fuera mucho más efectivo debía también ir poniendo a su alcance aquellas áreas de su ser que estaban afectadas, para ello era necesario detectarlas una a una y bañarlas con el Amor.

Así pues, se dispuso a seguir trabajando y fue confrontándose con diferentes afirmaciones positivas que provocaran las reacciones del inconsciente y mostraron dónde estaban los "agujeros negros" de su autoimagen. Un ejemplo es el siguiente:

-Tengo la visión suficiente para ser feliz (afirmación).

-Mentira (reacción).

-Tengo la visión suficiente para ser feliz.

-Una persona como yo nunca puede ser feliz.

-Tengo la visión suficiente para ser feliz.

-No puedo hacer lo mismo que los demás.

-Tengo la visión suficiente para ser feliz.

-No me dejaron jugar con ellas porque veía poco.

Le pedí que se parara y conectara con esta experiencia y la reviviera con todo detalle tal como ocurrió.

-Estábamos en el patio de la escuela y una de mis compañeras propuso que jugáramos a un juego, a todas nos pareció bien pero una de ellas enseguida dijo: "la ciega mejor que no juegue porque no coge ni una pelota". Las demás no dijeron nada y se fueron a jugar mientras yo me quedaba allí con un dolor como si me hubieran clavado un cuchillo...

-Deja a esa niña aquí por el momento –le dije– y ve a la presencia del Amor para llenarte de él.

Lo hizo así y al cabo de unos minutos me dijo:

-Siento mucho amor.

-Vuelve a enfocar a esta niña herida sin dejar de sentir el amor –le seguí guiando–.

-Ya está.

-Ahora rodéala y abrázala con este amor que sientes.

-Ya lo hago.

-Sigue haciéndolo.

Al cabo de dos o tres minutos.

-Estoy viendo que deja de llorar.

-Sigue canalizando sobre ella el amor.

-Parece que siento menos amor.

-Vuelve de nuevo a la Fuente, llénate otra vez y sigue dándoselo a esta niña.

-La niña ya no está triste.

-Ahora enfoca a las niñas que están jugando y rodéalas con este amor que sientes.

-Ya lo hago.

-¿Qué ocurre ahora?

-Ohmm... todo ha cambiado... bueno, la escena es la misma, pero es diferente...

-Explícamelo.

-La niña se siente bien viéndolas jugar, es como si jugara con ellas pero sin jugar, igual que cuando ves un juego por la televisión que, no juegas pero es como si jugaras. Las otras niñas no le miran mal, cada vez que una se equivoca y debe dejar su posición viene a su lado y juntas siguen disfrutando del juego.

El sistema no es reprimir y tratar de olvidar lo que nos hizo daño, pues en el inconsciente seguirá quedando registrado como una herida, y continuará influyendo sobre nuestros pensamientos y emociones aunque no seamos conscientes de ello.

Tal como se ha visto, primero es necesario desarrollar la capacidad de experimentar el Amor en nuestro interior, seguidamente, hay que confrontarse con alguna afirmación positiva de lo que tendría que ser real y no lo es si tuviéramos bien la autoestima. Al hacerlo en un estado de recogimiento pronto saltará a nuestro consciente alguna de las "heridas" que hay registradas en el inconsciente. Entonces hay que pararse y revivir esta experiencia con todos los detalles aunque sea dolorosa, proyectando sobre ella todo el amor que sentimos en nuestro corazón. Es posible que haya que canalizar mucho amor para una determinada experiencia, no importa, la Fuente no se agota y siempre termina ganando el Amor contra cualquier otra emoción. Al transformar las emociones negativas en positivas la experiencia quedará sanada definitivamente y nosotros seremos más libres y cercanos a lo que realmente podemos llegar a ser. Es una labor que puede llevar tiempo, pero siempre será una de las mejores inversiones de nuestra vida.

8: Proyectando el Amor

> El amor verdadero no espera a ser invitado, antes él se invita y se ofrece primero.
>
> **Fray Luis de León.**

Tu vida cambia, tus relaciones cambian y tu mundo cambia cuando eres una persona que vive en el Amor. Muchas de las necesidades que buscabas suplir en los demás ya han perdido su razón de ser, se han terminado las demandas de las que dependía tu bienestar emocional y las expectativas frustradas que tanto podían perturbarte. En cambio, te encuentras transmitiendo algo positivo que alcanza al corazón de los que se relacionan contigo: El Amor. De la misma forma que las personas tenemos un olor corporal que es percibido por otros cuando se acercan, o la expresión de nuestra cara, que al reflejar nuestros sentimientos es captada por los que nos ven; la energía del Amor se transmite a través de nosotros sin hacer nada expreso para que así suceda.

Una mujer me explicaba los cambios que había observado en su vida desde que se abrió totalmente a recibir el Amor y, entre otras cosas, hizo énfasis en lo siguiente: "No sé que debía inspirar a las personas anteriormente que siempre acababa teniendo problemas con ellas. Ahora son más atentas, están menos a la defensiva, se abren conmigo como nunca lo habían hecho; estoy realmente sorprendida".

Todos transmitimos una energía anímica que es percibida por los demás, es imposible no hacerlo si estamos vivos, la mayoría de veces de manera inconsciente. En el caso de que esta energía sea positiva, las personas se abren hacia nosotros porque les inspira confianza, si es negativa, se cierran porque se sienten amenazadas. Cuando una persona tiene la presencia del Amor en su interior, ejerce un magnetismo positivo hacia los demás y esto crea una correspondencia de bien mutuo.

La persona que recibe y se llena del Amor es indudable que experimenta cambios de percepción respecto a los demás, recibe la información a través de un nuevo filtro y la valora de forma diferente, esto le permite interactuar con la parte positiva de los demás sin quedar atascado en la negativa como antes. Es capaz de ver a las otras personas de forma más objetiva y sin temor, ya no le hace falta ponerse a la defensiva, sabe que anímicamente no le pueden hacer daño. Puede verlos con misericordia y comprensión, y esta nueva manera de percibir a las otras personas no le hace reaccionar impulsivamente para defenderse, ya no lo necesita porque les ama. A su vez, esta nueva actitud induce en los demás un estado más relajado y confiado, de tal manera que también dejan de estar alerta, comprenden que no es necesario atacar ni defenderse, pueden disfrutar de la relación sin temor.

La persona que disfruta del Amor también se ha liberado de necesidades que le condicionaban para vivir su vida plenamente, tales como la aceptación y el reconocimiento por parte de los demás. Ya no es necesario agradarles para sentirse bien con su aprobación, por lo tanto, es libre y siente profundamente esta libertad. No cambia servilismo por valoración, puede dar Amor sintiéndose bien por darlo sin necesidad de esperar su correspondencia.

En ocasiones, uno tiene la sensación de haberse cruzado con un ángel, algún incidente sencillo ocurre y cala dentro de ti experimentándolo como un regalo del Cielo.

Me contaba una mujer de edad avanzada que una noche volvía a su casa después de pasar el día con su marido que se encontraba ingresado en el hospital, llovía copiosamente e intentaba conseguir un taxi pero no había forma, cuando ya estaba asumiendo que llegaría a casa muy tarde y empapada de agua, vio que se paraba junto a ella un taxi que iba ocupado, se abrió la puerta trasera y el ocupante le dijo.

-Señora, ¿quiere usted subir?

-Creo que no le conozco –contestó la mujer después de fijar su vista en él–.

-Cierto, pero usted necesita un taxi y a mí no me importa compartirlo.

Dudó unos momentos, pero el agua que caía pronto le hizo reaccionar subiendo al taxi.

-Nunca me había pasado una cosa igual en toda mi vida (me siguió comentando), en el camino a casa, aquel hombre se interesó por mí y me estuvo animando respecto a la enfermedad de mi marido. Fue una experiencia única e inolvidable.

Muchas personas dedican parte de su tiempo, energía, o dinero a ayudar a niños desamparados, familias con problemas o ancianos que no pueden valerse por sí mismos. No les conocen de nada, tampoco es su trabajo, nadie les pagará ni les devolverá lo que están haciendo; sencillamente permiten que el Amor fluya a través de ellos y sienten la alegría y satisfacción de hacerlo.

Otras veces el Amor puede fluir de forma directa hacia alguien, esto ocurre cuando existe la intención de que otro sea alcanzado por el Amor, y lo único que hace es predisponerse a canalizarlo.

Para canalizar el Amor no es necesario hacer algo muy especial. Simplemente recibirlo y proyectarlo hacia la persona deseada, en otras palabras, es necesario tomar conciencia de experimentar el Amor en nuestro interior y seguidamente enviarlo con deseo y convicción hacia la persona que lo necesita.

No podemos proyectar el Amor si antes no lo hemos recibido y vivimos en él. No se trata de un acto simbólico o una visualización bien intencionada. Se trata del fluir a través nuestro de la energía que ha sido capaz de transformarnos a nosotros y que ahora puede alcanzar y transformar a otros.

Tal como se ha explicado en un apartado anterior de este capítulo, el Amor tiene la facultad de deshacer los nudos anímicos, las resistencias, los bloqueos, los temores y todas aquellas emociones negativas que a las personas les impiden vivir en armonía consigo mismas y con los demás. Por tanto, alguien que desea ser un canal de Amor, debe primero haber eliminado de su alma estos condicionantes que le impedirían que el Amor fluyera.

Un error en el que suelen caer muchas personas es pensar que por medio de su esfuerzo pueden cambiar a los demás, y esta buena intención acostumbra a terminar siendo frustrante. Toda aportación personal no es necesariamente Amor por muy bien intencionada que sea, y es muy probable que ésta entre en conflicto con la disposición que la otra persona tenga, dificultando el cambio más que facilitándolo.

Es necesario discriminar entre lo que hacemos y lo que somos y, el nivel de coherencia y consistencia que hay entre una cosa y la otra. Por ejemplo, una madre sirve la comida en la mesa al resto de la familia, esto es un acto de servicio. Esta acción puede ir acompañada de diferentes sentimientos tales como: la desgana, la obligación, el cariño, o la ilusión. Cada una de estas emociones corresponde a un determinado estado de ánimo y no sólo le da un significado diferente a esta actividad, sino que, además, está transmitiendo un mensaje que es captado aunque sea subliminalmente por los demás.

Una joven me decía de su madre que era una manipuladora porque a través de lo que le concedía o le negaba trataba de dirigir su vida. La madre, por su parte, justificaba su forma de actuar con su hija diciendo que buscaba su bien. Según ella, le mostraba su amor con "hechos" (lo que la hija llamaba cosas), los cuales, siempre estaban relacionados con las respuestas y conductas que la madre deseaba ver en su hija. Una y otra habían caído en una valoración mutua determinada por las cosas, los hechos y las acciones, convirtiendo su relación en un juego de intereses donde el auténtico amor no podía fluir y beneficiarlas.

Uno de los aspectos muy importantes que es preciso saber, es que para transmitir el Amor no es necesario hacer cosas; las cosas pueden venir como consecuencia natural del fluir del Amor y, si es así, están en su lugar y siempre son de bien. Pero cuando se confía en las cosas o acciones para alcanzar un objetivo en otra persona puede caerse en la manipulación y, en el caso de que la otra parte perciba algo en esta dirección, probablemente se cerrará a las buenas intenciones de la primera.

A menudo, en los encuentros que tengo con grupos terapéuticos o de crecimiento personal, suelo hacer diferentes ejercicios y demostraciones relacionados con las energías anímicas que se mueven en nuestro interior y se transmiten de unos a otros. Dos de estos ejercicios consisten en lo siguiente: pido a los componentes del grupo que se agrupen en parejas y se tomen de las manos, deben cerrar sus ojos para que el medio de comunicación sea exclusivamente sus manos y, a partir de aquí, un miembro de la pareja tomara el rol de emisor y el otro de receptor. El emisor debe transmitir a través de sus manos un sentimiento determinado y el receptor, cuando lo perciba, deberá comunicarlo, cambiando seguidamente los roles.

Aproximadamente, la mitad de las personas del grupo suele identificar correctamente en el primer intento los sentimientos que recibe a través de sus manos y, después de algunos intentos más, pueden llegar a percibirlo las tres cuartas partes del grupo.

Otro ejercicio donde el canal de transmisión no es visible pero sí es físico, porque estamos hablando siempre de energía en movimiento, es el siguiente: pido la colaboración de dos personas del grupo que hayan mostrado evidencia de tener un cierto nivel de intuición (la intuición es una facultad natural que todos tenemos y usamos diariamente de forma inconsciente, aunque unos la tienen más desarrollada que otros), el resto del grupo se dedicará a observar esta vez. Les indico que deben cerrar los ojos para que no puedan verse la expresión de sus caras y de esta manera, la energía anímica se transmita por sí misma sin ningún otro apoyo. Uno de ellos será el emisor y otro el receptor. El emisor dirá a un miembro del grupo qué sentimiento va a transmitir al receptor para que dé fe de la autenticidad de lo que ocurre. Seguidamente el emisor transmite el sentimiento de esta manera: primero lo experimenta en su interior, y luego lo dirige mentalmente hacia la otra persona con la convicción de que lo recibe. El resultado no se hace esperar, pasados unos momentos, el receptor dice el sentimiento que ha percibido. La respuesta del receptor siempre es coherente con el sentimiento emitido por el emisor, nunca se da el caso que uno emita el sentimiento de alegría y el otro perciba tristeza, puede decir el mismo término o uno sinónimo, por ejemplo: felicidad por alegría. Esto, por supuesto, no es magia, es algo tan natural como el leer la expresión de un rostro y, aunque no seamos conscientes, interactuamos con ello todos los días.

Entonces, podemos realmente hacer llegar mucho amor a las personas que lo necesitan directamente a su espíritu, sólo porque el nuestro así lo desea y lo transmite. Hay muchos testimonios de personas que lo han hecho con relaciones deterioradas y comprobaron como éstas cambiaban y se restauraban.

Esto fue lo que explicó una mujer respecto a su hijo de 22 años. La relación entre ellos se fue haciendo cada vez más difícil hasta que un día el joven decidió irse de casa y romper toda la relación con los suyos. La madre intentaba forzar el contacto, prácticamente le perseguía y le agobiaba llamándole al móvil. Cuanto más insistía la madre más se alejaba su hijo. Un día ella asistió a uno de los encuentros de crecimiento personal y quedó muy impresionada por lo que escuchó y vio. Se dio cuenta que sólo podía verse ella pero no a su hijo, por eso él se alejaba más y más de ella. Decidió a partir de aquel día no volverlo a agobiar más y transmitirle amor durante 15 minutos cada día. Lo hacía todas las mañanas cuando se levantaba y según confesó: "Aprendí a amarle realmente". Pasados tres meses un día el joven se pasó por donde ella trabajaba y le propuso ir a tomar un café juntos, estaba un poco inseguro pero no tenso como en los últimos años.

–Mamá, te veo cambiada, me miras de otra forma, ¿qué te ha pasado?

–Pues, realmente sí he cambiado, antes te quería y ahora te amo.

–Me está pasando una cosa muy extraña en las últimas semanas...

–¿Qué te ocurre?

-Me cuesta decírtelo, pero me acuerdo mucho de ti y necesitaba verte.

Esta madre, en el tiempo que dedicaba a amar a su hijo, primero se llenaba ella del Amor, cuando lo experimentaba plenamente, enfocaba en su mente a su hijo y le hacía llegar lo que ella experimentaba.

-Sentía como algo dentro de mí se movía hacia él —nos seguía explicando—, como si una luz blanca lo alcanzara y le rodeara, y al cabo de unos momentos le veía cambiando la expresión de su cara. En ocasiones, yo tomaba conciencia de que seguramente le habría presionado demasiado y le expresaba cómo lo sentía. Le decía que le amaba por lo que él era y no por lo que hacía, ya había dejado de pedirle y exigirle, me sentía suficientemente bien sabiendo que podía hacer llegar hasta él el Amor.

Cuando te llenas del Amor y vibra en tu interior, esta vibración será percibida por cualquiera que se acerque a ti, pero también la puedes dirigir hacia alguien y, ese alguien, aunque presente resistencia al principio, acabará percibiéndola y cambiando su disposición negativa. Ahora bien, es necesario no confundirse, lo que hay que transmitir es el Amor, no otras cosas que deseamos y pudieran darnos satisfacción, pues, en este caso, lo más probable es que ocurra el efecto contrario.

Como es fácil deducir, para transmitir el Amor no hay que esperar a que una relación se vuelva conflictiva, sino que, en todas las relaciones deberíamos bendecir a la otra parte transmitiéndole el Amor. Hay padres que ya lo están haciendo regularmente con sus hijos, parejas entre sí, otros han decidido hacerlo con sus amigos, compañeros de trabajo y hasta con sus jefes.

Unos padres vinieron a verme porque tenían un hija adolescente que les causaba mucho problemas, sobre todo, tenía un conflicto directo con el padre y siempre se encontraban enfrentados por cualquier cosa. Según decía la madre: "Da la impresión de que constantemente se están provocando el uno al otro". El problema estaba afectando al matrimonio, pues se culpaban mutuamente y se sentían muy disgustados y decepcionados entre sí.

Les pedí que se abrazaran y dudaron un poco, se les veía algo violentos ya que hacía varias semanas que no lo hacían. En realidad no les apetecía y lo hicieron con reservas.

Les pedí que se mantuvieran abrazados hasta que yo les avisara, atendiendo y aceptando los sentimientos que experimentaban en su interior. Progresivamente, fui comprobando cómo sus brazos fueron cerrándose alrededor de sí mismos y el abrazo fue ganando en expresión e intensidad. Pasados varios minutos, se encontraban fundidos en un abrazo y por sus mejillas resbalan abundantes lágrimas.

Así siguieron hasta que recuperaron lo perdido. Después, la expresión de sus caras había cambiado y ya podían mirarse de nuevo con amor. A continuación, el marido me miró y me dijo: "¿Qué podemos hacer por nuestra hija?"

De pie, tal como estaban, les hice que se tomaran de las manos creando un espacio en el interior de sus brazos. De hecho, tiempo atrás, cuando su hija era más pequeña, jugando con ella la habían rodeado con sus brazos y la niña pudo experimentar el amor y la protección de ellos. Ahora, se trataba de volver a repetir la misma acción, pero usando la imaginación. Les pedí que cerraran los ojos y construyeran una *visualización terapéutica*. Cuando me confirmaron que podían ver mentalmente a su hija en medio de ellos rodeada por sus brazos, les seguí indicando que era el momento de recibir el Amor y llenarse de él. Al sentirlo plenamente, sólo tuvieron que permitir envolver con él a su hija.

Les recomendé que tomaran unos minutos cada día para practicar esta proyección anímica de amor hacia su hija hasta que las cosas cambiaran.

Así lo hicieron y los resultados no tardaron en llegar. Padre e hija cambiaron sus actitudes hostiles y la madre me dijo: "En casa se comienza a respirar una atmósfera de paz".

Las oportunidades de canalizar el Amor son infinitas y sus aplicaciones no lo son menos: Si algo temes, canaliza el Amor hacia allí y perderá su fuerza sobre ti. Si algo valoras, llénalo de Amor y ganará más valor para ti. Si a alguien amas, proyéctale el Amor, éste será tu mejor regalo para él. Si algo te aburre, llénalo del Amor y ganará tu corazón.

-Puedo ir en los transportes públicos sin agobiarme– decía una mujer que trabaja en una gran ciudad–, lleno el vagón de metro del Amor y siento mucha paz.

-Nunca había experimentado el beneficio que la naturaleza podía ejercer sobre mí –decía otra mujer dando testimonio de su experiencia–, hasta que comencé a compartir el Amor que yo sentía con ella.

-Después de suspender la asignatura de estadística varias veces –decía un estudiante universitario–, decidí llenarla con el Amor y pude aprobar los tres niveles que tenía pendientes.

El Amor es una energía demasiado grande y poderosa para que quede retenida en tu interior, si realmente la experimentas, desearás compartirla y fluirá a través de ti de forma generosa y desinteresada.

Hace algunos años se hizo popular una frase que decía: "No digas que el mundo ha de ser mejor, hazlo". Cada persona que ha conocido el Amor puede ayudar a hacer realidad este objetivo, ya que tiene en su mano la clave para ir creando círculos de Amor que se amplíen y multipliquen. El poeta inglés Robert Browning decía: "Ama un sólo día y el mundo habrá cambiado".

Conclusión

Vivir en el amor

El amor nunca deja de ser.

Pablo

Un grupo de devotos invitó a un maestro de meditación a la casa de uno de ellos para que los instruyera. El maestro dijo que debían esforzarse por liberarse de reaccionar en demasía frente a los hechos de la vida diaria, por lograr una actitud de reverencia, y por adquirir la práctica regular de un método de meditación que, a su vez, les explicó en detalle. El objetivo era darse cuenta de que la esencia divina está presente en todo.

Es estar conscientes de esto no sólo durante el período de meditación, sino constantemente, en lo cotidiano. El proceso es como llenar un colador con agua.

El maestro hizo una reverencia ante ellos y partió.

El pequeño grupo se despidió de él y luego uno de ellos se dirigió a los demás, echando chispas de frustración. Lo que nos dijo es como decirnos que nunca podremos lograrlo. ¡Llenar un colador con agua! ¿Cómo? Eso es lo que ocurre, ¿no? Al menos para mí. Escucho un sermón, rezo, leo algún libro sagrado, ayudo a mis vecinos con sus niños y ofrezco el mérito a Dios, o algo por el estilo y después me siento elevado. Mi carácter mejora durante un tiempo... no me siento tan impaciente, ni hago tantos comentarios sobre otras personas. Pero pronto el efecto se disipa, y soy el mismo de antes. Es como agua en un colador, por supuesto. Y ahora él nos dice que eso es todo.

Siguieron reflexionando sobre la imagen del colador sin lograr ninguna solución que los satisficiera a todos. Algunos pensaron que el maestro les decía que las personas como ellos en este mundo sólo podían aspirar a una elevación transitoria, otros creyeron que el maestro simplemente les estaba tomando el pelo. Otros pensaron que tal vez se estaría refiriendo a algo en los clásicos que suponía que ellos sabían... buscaron, entonces, referencias sobre un colador en la literatura clásica, sin ningún éxito.

Con el tiempo, el interés de todos se desvaneció, excepto el de una mujer que decidió ir a ver al maestro.

Él le dio un colador y un tazón, y fueron juntos a una playa cercana. Se pararon sobre una roca rodeados por las olas.

¡Muéstrame cómo llenas un colador con agua! –le dijo el maestro.

Ella se inclinó, tomó el colador en una mano y comenzó a llenarlo con el tazón. El agua apenas llegaba a cubrir la base del colador y luego se filtraba a través de los agujeros.

Con la práctica espiritual es lo mismo, –dijo el maestro– mientras uno permanece de pie en la roca del Yo e intenta llenarse con cucharadas de esencia divina le ocurre lo mismo que al colador con los tazones de agua. No es ése el modo de llenarlo.

Entonces, ¿cómo se hace? –preguntó la mujer.

El maestro tomó el colador en sus manos y lo arrojó lejos al mar. El colador flotó unos instantes y después se hundió.

Ahora está lleno de agua, y así permanecerá, dijo el maestro. Ese es el modo de llenar un colador con agua, y es el modo de realizar la práctica espiritual. No se logra vertiendo pequeñas dosis de esencia divina en la individualidad, sino arrojando la individualidad dentro del mar de la esencia divina.

El ser humano puede encontrarse en diferentes posiciones respecto al Amor, cada una de ellas establece un tipo distinto de vida, tal como puede ser vivir en la luz o en la oscuridad. Aunque las posiciones pueden ser numerosas, a continuación se relacionan cuatro que nos pueden ser clarificadoras:

Hay quienes viven de espaldas al Amor, sólo les interesa el placer inmediato, o simplemente sus vidas están dirigidas por el egoísmo. En el fondo tienen miedo al Amor porque creen que si le permiten dirigir sus vidas, saldrán perdiendo en las relaciones con los demás.

Otra posición es confundir el Amor con un sentimiento natural de amor. Los que pertenecen a esta posición aman a determinadas personas porque son significativas para su vida. Esta forma de amar se encuentra condicionada por la correspondencia afectiva o compensaciones anímicas que de ellas reciben.

También se encuentran los que han conocido el Amor pero no se han liberado de aquellos condicionantes personales que se encuentran en su inconsciente y les traicionan a menudo, entonces, viven de forma ambivalente: su vida a veces es controlada por el Amor y otras no.

Y por último, están quienes han conocido el Amor, cada día van a su presencia y se llenan de él, han trabajado en su interior para liberar sus engramas y el Amor puede fluir sin trabas. Aún más, han hecho del Amor su ámbito vital, por tanto, su vida tiene sentido en el Amor pero no fuera de él; aún en los momentos difíciles, sus reacciones serán encauzadas por el Amor. En definitiva, para ellos el Amor no es una opción, sino el centro de gravedad de sus vidas. Como el Amor nunca deja de ser, si estas personas no se apartan de él sus vidas permanecen llenas de luz, y son luz para otros.

He conocido a personas que se han mantenido en una de estas posiciones por toda su vida, otras, su vida ha venido marcada por etapas al cambiar de una a otra posición; pero también he conocido a quienes han pasado por las cuatro posiciones en una evolución positiva a lo largo de sus vidas. Una vez han conseguido un estado más cercano al Amor no han vuelto hacia atrás, han crecido interiormente y, en condiciones normales, nadie evoluciona inversamente cuando busca la Luz.

Vivir en el Amor significa haber alcanzado la madurez personal. Todas las personas nacemos egocéntricas por naturaleza, después, sentimos amor por quien antes nos lo habían dado, al seguir creciendo, somos capaces de amar como iniciativa propia pero, a condición de que nuestro amor sea correspondido. Sólo cuando llegamos a un nivel de madurez interior es cuando podemos amar independientemente de la respuesta que obtengamos de la otra parte.

Nuestra madurez se va desarrollando en la medida que tomamos conciencia de nuestra vida, al hacerlo, nuestra mente deja de ser reactiva y guiada por los impulsos automáticos que se generan en nuestro interior a causa de toda la carga emocional que llevamos reprimida en nuestro inconsciente.

Nadie puede desarrollar la madurez si no dedica tiempo a trabajar interiormente, enfrentándose a los pensamientos y sentimientos negativos, liberando sus causas y permitiendo que el Amor vaya penetrando en cada rincón de su ser.

Conforme la persona va alcanzando la madurez, va dejando la inercia en la que vivía y disfruta de auténtica libertad. Deja de estar condicionada por lo que los demás digan o hagan, por ejemplo, no es víctima de las envidias ni de las ofensas, ahora vive en el Amor, y en este ámbito se vale por sí misma porque vive en la plenitud.

Un mercader envió a su hijo a un sabio para aprender el secreto de la felicidad. Cuando llegó al palacio donde vivía, se encontró con una intensa actividad de mercaderes que entraban y salían, gente que conversaba en grupos, y sirvientes que preparaban una completa mesa para todos los que querían comer. El muchacho tuvo que esperar un buen rato hasta que fue atendido por el sabio, el cual, le escuchó atentamente y le dijo que por el momento se diera un paseo por el palacio y volviera al cabo de dos horas.

-Quiero pedirte un favor –le dijo además el sabio, entregando al muchacho una cucharilla en la que dejó caer dos gotas de aceite–. Mientras vas caminando, lleva esta cucharilla sin permitir que se derrame el aceite.

El muchacho comenzó a subir y bajar las escalinatas del palacio, manteniendo siempre los ojos fijos en la cucharilla. Cuando pasaron las dos horas, regresó donde estaba el sabio, el cual, le preguntó:

-¿Has visto las tapicerías de Persia que hay en mi comedor?, ¿Viste el jardín que el maestro de jardineros se tardó cien años para plantar?, ¿Te diste cuenta de los bellos pergaminos de mi biblioteca?

El muchacho, avergonzado, confesó que no había visto nada. Su única preocupación era no derramar las gotas de aceite que el Sabio le había confiado.

-Vuelve, pues, y conoce las maravillas de mi mundo – dijo de nuevo el sabio–. No puedes confiar en un hombre si no conoces su casa.

Ya más tranquilo, el muchacho cogió la cucharita y volvió a pasear por el palacio, fijándose esta vez en todas las obras de arte que pendían del techo y de las paredes. Vio los jardines, y el paisaje que rodeaba al palacio. Al regresar al lado del Sabio, relató con pormenores todo lo que había visto.

-Pero, ¿dónde están las dos gotas de aceite que te confié? –Preguntó el Sabio–.

Mirando hacia la cucharilla, el muchacho se dio cuenta de que las había derramado.

-Pues ése es el único consejo que te puedo dar –siguió diciéndole el sabio–. El secreto de la felicidad está en mirar todas las maravillas del mundo sin olvidarte nunca de las dos gotas de aceite de la cucharita.

Al vivir en la inercia de nuestros pensamientos, sentimientos, impulsos y situaciones que la vida nos va presentando, perdemos el equilibrio interior así como la visión global y objetiva de la vida. La presencia del Amor es la que nos eleva por encima de lo propio y de lo que nos rodea, y es desde esta perspectiva, desde donde puede vivirse la madurez.

Vivir en el Amor significa estar en armonía con uno mismo y con el mundo en el que se vive. Esto sólo es posible cuando la presencia del Amor es consistente en el ser interno, pues, en este estado, la persona deja de ser egocéntrica y ya no necesita que el mundo se adapte a sus deseos y necesidades. La persona se encuentra bien consigo misma porque se ama, sintiéndose afortunada por ser lo que es y por tener la vida que tiene. Encuentra mil motivos cada día para dar gracias a Dios porque es capaz de verlo en cada detalle y en cada momento, sintiendo su presencia y experimentando la relación con él. La vida es vista en su totalidad como un don, tanto las personas como las situaciones difíciles, todas ellas, son recibidas como oportunidades para crecer y en ningún momento brota la amargura. No hay expectativas rígidas que al no cumplirse generen frustración, pues, la persona ha asimilado el principio de la no resistencia al fluir de la vida.

Una vez, un padre de una familia acaudalada llevó a su hijo de viaje por el campo con el propósito de que valorara todo lo que tenía, al poder contrastarlo con lo que poseía la gente más humilde. Estuvieron un par de días en una granja de una familia campesina, y al volver de regreso a casa el padre le preguntó a su hijo:

-¿Qué te pareció el viaje?

-¡Muy bonito papá!

-¿Viste que tan pobre puede ser la gente?

-¡Sí!

-¿Y qué aprendiste?

-Vi que nosotros tenemos un perro en casa y ellos tienen cuatro. Nosotros tenemos una piscina que ocupa medio jardín y ellos tienen un arroyo que llega hasta las montañas. Nosotros tenemos unas lámparas importadas en la terraza y ellos tienen las estrellas. Nuestro jardín termina en la verja y el de ellos en el horizonte. Ellos tienen tiempo para conversar y convivir en familia pero tú y mamá siempre estáis trabajando y casi nunca os veo.

Al terminar el relato, el padre se quedó en silencio por unos momentos... y luego, con voz más pausada y un poco avergonzado respondió así a su hijo:

-Tú tienes un don que yo he perdido al hacerme mayor, puedes ver la vida con amor y no con interés.

Cuando una persona tiene en su interior la Luz del Amor, toda su vida se encuentra llena de luz, su valoración de las cosas que le rodean y la manera en que las experimenta, adquieren un significado de grandeza y de generosidad por parte del Creador, capaz de generar sinceros sentimientos de gratitud. En cambio, el que no vive con la presencia del Amor, necesita llenar su vida con cosas que le gratifiquen y compensen este vacío existencial. La trampa es que siempre tendrá la sensación de que necesita añadir algo más para sentirse satisfecho.

Vivir en el Amor significa irradiarlo en el ámbito de influencia. No puede ser de otra forma, de la misma manera que la persona que está llena de alegría o amargura la expande a su alrededor alcanzando a los que se encuentran cerca, también ocurre así con los que tienen la presencia del Amor en sus vidas. El Amor saca lo mejor de nosotros y se lo ofrece a los demás, y cuando éstos se abren a recibirlo, son contagiados de la misma energía que se extiende como una ola positiva y va produciendo los mismos efectos en cada cual. Esto no es una utopía, sino que es la consecuencia de la acción del Amor cuando es estable en una persona, pues, ésta se convierte en una especie de termostato, el cual, marca un nivel de temperatura y lo mantiene. En cambio los que tienen amores dependientes se convierten en personas termómetro, que oscilan de acuerdo a los cambios que los demás acusan.

Jesús impartió una serie de nuevas enseñanzas que requerían abrir la mente y el corazón a una nueva concepción de las relaciones: "Vosotros habéis oído que se dijo: Ama a tu prójimo y odia a tu enemigo. Pero yo os digo: amad a vuestros enemigos y orad por los que os persiguen, para que seáis hijos de vuestro Padre que está en el cielo. Él hace que salga el sol sobre malos y buenos, y que llueva sobre justos e injustos. Si vosotros amáis solamente a quienes os aman, ¿qué recompensa recibiréis?, ¿Acaso no hacen eso hasta los recaudadores de impuestos?, Y si saludáis a vuestros hermanos solamente, ¿qué hacéis de más vosotros? ¿Acaso no hacen esto hasta los paganos?"

La máxima que seguían los conciudadanos de Jesús: "Ama a tu prójimo y odia a tu enemigo", tenía su razón de ser en un pueblo que había sufrido varias invasiones de las naciones vecinas. Un testimonio escrito por uno de sus profetas expresa el dramatismo con que lo vivieron: "En Sión (lugar con simbolismo sagrado para los judíos) y en los pueblos de Judá fueron violadas casadas y solteras. A nuestros jefes los colgaron de las manos, y ni siquiera respetaron a nuestros ancianos. A nuestros mejores jóvenes los pusieron a moler; los niños tropezaban bajo el peso de la leña. Ya no se sientan los ancianos a las puertas de la ciudad; no se escucha ya la música de los jóvenes. En nuestro corazón no hay gozo; la alegría de nuestras danzas se convirtió en tristeza. Nuestra cabeza se ha quedado sin corona".

Por esta razón, un judío justo y noble, sería aquel que amara a su prójimo y odiara a su enemigo, que era el enemigo de su pueblo y de su Dios. Pero Jesús viene a transmitir una nueva concepción de las cosas: El enemigo es alguien a quien no hay que odiar sino amar. Dios ama tanto a los que hacen bien como a los que hacen mal y no les niega ni el sol ni la lluvia que son el fundamento de la vida. Cuando alguien tiene la presencia del Amor de Dios en su vida es capaz de amar a su enemigo como Dios mismo lo hace y por ello, será reconocido como un hijo de Dios. El enemigo es alguien a quien hay que vencer ganándolo con amor y no destruyéndolo con odio.

Después que Jesús expresa esta afirmación hace la diferencia entre el Amor auténtico y los demás amores: El que ama a quien le ama y el que es afectuoso con la gente en general. Éstos son los amores naturales que también pueden compartir los recaudadores de impuestos (considerados en aquel tiempo como traidores y renegados al servicio del invasor) y los paganos (aquellos que no pertenecían a su pueblo ni creían en su Dios). Así pues, cualquiera que muestre estos tipos de amor sigue la inercia natural, pero aunque ama, la esencia de su amor no viene dada por la presencia del Amor de Dios en su vida, y por ello, sus sentimientos dependen de las conductas ajenas y eso les quita su consistencia. La diferencia está en que, el que ama con amor auténtico, ama tanto al que le ama como al que no, pero además, ama con el mismo amor al que le odia o le hace daño. Sólo este tipo de amor es el que tiene poder para contagiar y transformar a otros.

La madurez, la armonía y la proyección son tres aspectos que se hacen patentes en las personas que han abierto su corazón al Amor, lo reciben conscientemente cada día y permiten que su energía impregne sus pensamientos, se exprese en sus sentimientos y se muestre en sus acciones.

Si tú eres una de estas personas, no te extrañe que el magnetismo del Amor que actúa a través de ti atraiga a los demás y les inspire cambios positivos en sus vidas. Si aún no eres una de estas personas, tienes la oportunidad de serlo, sólo tienes que desearlo, abrir tu ser al Amor y comenzar tu proceso de transformación personal. Los cambios vendrán de forma natural por la propia acción del Amor en ti.